# 교실 속 자존감

# 교실 속 자존감

지은이 | 조세핀 김
펴낸곳 | 비전과리더십
등록번호 | 제302-1999-000032호
주소 | 140-240 서울시 용산구 서빙고로 65길 38 두란노빌딩

출판부 | 2078-3477    e-mail | vision@duranno.com
영업부 | 2078-3333
초판 발행 | 2014. 4. 21.
38쇄 발행 | 2023. 8. 17.

ISBN 978-89-90984-19-7  03370

잘못된 책은 바꾸어 드립니다.
책값은 뒤표지에 있습니다.

비전과리더십은 두란노서원의 경제 · 경영 브랜드입니다.

블로그 http://blog.naver.com/v_leadership
트위터 http://twitter.com/v_leadership

# 교실 속 자존감

SELF-ESTEEM IN THE CLASSROOM

조세핀 김 지음

비전과리더십

# contents

SELF-ESTEEM IN THE CLASSROOM

## 낮은 자존감을 치유해 주는 약, 선생님

나는 정신과 의사 생활을 40년 했다. 우울증, 공황장애, 대인공포증 등 많은 환자들을 치료했다. 절실하게 깨달은 것이 있다: 자존감의 중요성이었다. 자존감이 높은 사람들은 이런 병에 잘 걸리지 않았다. 혹 이런 병에 걸리더라도 회복이 빨랐다. 반면에 자존감이 낮고 열등감이 심한 사람들은 회복도 느리고 어려웠다.

자존감은 자아상이다. 자아상은 어릴 때 거울에 비친 자기 모습을 보면서 만들어진다. 우리는 많은 거울을 보면서 자란다. 엄마 거울, 아버지 거울, 선생님 거울 등…. 일그러진 거울에 비친 자아상은 낮은 자존감을 만든다. 나는 한 초등학생이 좋은 선생님을 만나 일그러진 자아상이 치유되는 것을 보았다. 그 학생은 나중에 대학 교수가 되었다. 좋은 선생님은 낮은 자존감을 치유해 주는 약이라는 생각을 했다.

하버드대학의 조세핀 김 교수님이 학생의 자존감과 교사의 영향력에 대한 좋은 책을 내셨다.《교실 속 자존감 : 교사의 시선이 학생을 살린다》이다. 나는 김 교수님을 EBS 〈다큐프라임〉 '아이의 사생활'에서 만났다. 자존감을 이해하는 데 큰 도움을 받았다.

자존감이 중요하다는 것은 알지만 '자존감을 어떻게 살릴 수 있는

가'에 대한 구체적인 지침을 가르쳐 주는 사람은 드물다. 독자는 이 책에서 자존감에 대한 갈증을 시원하게 해결할 수 있을 것이다.

이무석_정신분석가,《나를 사랑하게 하는 자존감》 저자

## 학생의 행복을 최고 가치로 여기는 교사들에게

한 개인의 자존감의 기초와 형성 과정에는 주위 사람들의 남다른 노력이 절실하다. 어느새 대한민국의 학교가 안전한 공간이 아니라, 폭언과 폭력이 잠재되어 있는 무서운 장소로 인식되고 있다. 이는 아이들의 책임이 아니라, 그들의 자존감 형성에 무감했던 우리 기성세대의 불찰일 수 있다. 조세핀 김 교수의 《교실 속 자존감》은 교실을 모두 함께 다시금 행복이 무성한 장소로 만들 수 있는 기초 작업을 친절하게 설명하고 있다. 아이들이 왠지 두려워 지는 초보 교사는 물론 학생들의 행복을 최고 가치로 여기는 모든 교사들에게 기쁜 마음으로 일독을 권한다.

권수영_연세대학교 연합신학대학원 상담코칭학과 교수,《공감육아》 저자

## 교사가 이토록 위대할 수 있구나!

이 책은 우리 모두에게 참된 교육이 무엇인지를 깨닫게 한다. 입시 위주의 교육 현실 속에서 성적 올리기에 혈안이 되어 있는 교사들과 부모들에게 학생 내면의 자존감을 회복하는 것이 얼마나 중요한지를 새삼 알게 해 준다. 한 교사의 시선이 머무는 곳에서 학생의 자존감은 꽃 피게 되는데, 이 책을 읽노라면 그 꽃에서 풍기는 아름다운 향기를 맡게 된다. 그리고 감탄한다. "교사가 이토록 위대할 수 있구나!" 이 책은 저자인 조세핀 김의 어린 시절 경험과 깊이 있는 연구가 이야기로 어우러져 펼쳐지기에 마치 저자와 만나서 대화를 나누듯 읽을 수 있다. 이 책은 학교에서 학생들을 가르치는 이 땅의 모든 교사는 물론, 교회학교 교사들, 그리고 모든 부모들이 읽어야 할 필독서다.

박상진_장로회신학대학교 기독교교육과 교수, 기독교학교교육연구소 소장

## 학생들에게 밝은 빛이 되어 줄 책

《교실 속 자존감》은 심각하고 치명적인 우울증으로 고통 받고 있는 수많은 학생들에게 밝은 빛이 되어 줄 것이라고 확신한다. 조세핀 교수

는 학생들의 사회·정서적 발달에 교사와 학교가 미치는 엄청난 영향력에 주목하고 있으며, 교육자뿐 아니라 학부모들에게 이를 위해 앞으로 나아갈 방향을 알려 준다.

또 이 책은 학생들에게 일어날 수 있는 문제를 방지하기 위해 학교의 전체적인 지원에 포커스를 두면서, 문화적 민감성과 사춘기 우울증에 관한 최근의 연구 결과들과 학생들의 성장을 돕는 건강한 교실 환경을 조성하기 위한 교사들의 효과적 전략을 적절히 엮어 냈다. 그 과정에서 조세핀 교수는 일상의 사소한 대화와 작은 시선까지도 우리 학생들의 회복과 치유에 중요한 수단이 될 수 있음을 보여 준다.

Mandy Savitz-Romer_하버드대학교 예방학 및 상담심리학과 주임교수


## 선생님, 당신이 희망입니다

아이들이 울고 있습니다. 학생들이 지쳐 가고 있습니다. 다음 세대를 만들어 나가야 할 미래의 주인공들이, 힘차게 일어서 당당하게 앞으로 나아가야 할 그들이 주저앉고 있습니다. 그런 모습을 보며 마음 아프고 당황스러운 건, 우리 모두 마찬가지겠지요. 어디서 어떻게 시작해야 하는 걸까요. 우리 아이들을 위해 누가 무엇을 해야 하는 것일까요.

8세 때 가족의 이민으로 낯선 곳에 가 어렵게 적응하다 한 선생님 덕분에 어둠 속의 빛을 느끼고 경험한 후, 그것을 바탕으로 교육문제 전문가가 된 조세핀 김 교수는 말합니다.

선생님, 당신이 희망이라고,

아이들 한 명 한 명 눈을 맞추고 이름을 불러주라고,

당신이야말로 한 사람의 인생을 바꿀 수 있는 힘,

기적을 일으킬 수 있는 '바로 그 한 사람'이라고요.

선생님, 고맙습니다. 선생님들, 힘내세요.

이금희_방송인

## 한 교사 그리고 한 아이부터…

지금까지의 교육 문제와 해결책에 대한 담론들은 아이들 한 명 한 명의 구체적인 삶을 보지 못하고 정책과 제도 개혁에만 집중해 오고 있습니다. 새로운 정책이 나올 때마다 아이들과 교사들이 더 깊이 상처 받고 힘들어 하는 악순환이 반복된 것이 우리 교육의 현실입니다. 기존 관습과 입시 경쟁이 지배하는 학교에서 고통 받고 있는 아이의 필요에 응답하기 위해 한 아이와 일대일 결연을 맺고, 학생들과의 소통을 위해 힘쓰고 있는 '좋은교사운동'의 선생님 입장에서 이 책은 참으로 반갑고 시의 적절합니다.

교육은 내 앞에 있는 한 아이의 상황과 필요를 깊이 이해하는 데서 시작된다는 저자의 말에 깊이 공감합니다. 한 아이의 인생에 있어서 교사가 의미 있는 원 케어링 어덜트(one caring adult)가 된다는 말이 이 시대의 교사들이 자신의 소명과 역할이 무엇인지를 성찰하는 데 많은 영감과 도전을 줄 것입니다.

최근에는 한국의 교사들도 아이들과 외부의 비난 때문에 깊은 상처를 받아 자존감이 많이 낮아져 있습니다. 지금까지 교육적 관심이 교육 내용(what)과 교육 방법(how)에 집중되어 왔다면 이제는 교사(who)에 대한 이해가 절실한 시대입니다. 이 책은 교사 스스로 자신의 내면을 성찰하여 자존감을 회복하고, 학생들을 도울 수 있는 구체적인 방법이 제시되어 있어서 학교 현장의 교사들이 실제적인 도움을 받을 수 있을 것입니다.

이 책을 통해 선생님 한 분 한 분의 내면이 회복되고, 회복된 선생님을 통해 상처 받은 아이들의 자존감이 회복되기를 소망하며 이 책을 추천합니다.

임종화_좋은교사운동 공동 대표

## 자존감이 높지 않다면 아무 소용이 없다

다큐멘터리 제작을 위해 하버드대학교에 계시는 조세핀 김 교수님을 뵈었을 때 "하버드대학교에 다니는 한국 학생들의 자살 시도 비율이 높다"는 얘기를 듣고 충격을 받았던 기억이 납니다. 자존감이 높지 않다면 누구나 부러워하는 위치에 있어도 결국 아무 소용이 없는 것이죠.

두 아이의 엄마이기도 한 저는 부모 코칭 프로그램을 만들면서 아이의 자존감에 대한 관심만큼 염려도 많습니다. '학생을 살리는 교사 되기 10계명' 등 실제로 적용할 수 있는 정보까지 꼼꼼히 기록한 이 책이 많은 독자들에게 읽히고 아이와 교사 모두 행복한 학교로 만들 수 있다면 정말 좋겠습니다. 학교에 아이들을 위한 'One Caring Adult'가 있다는 것은 정말 든든하고 소중한 일이니까요.

안소진_EBS 교양문화부 PD

## 나는 어떤 교사인지를 깊이 돌아보게 한 책

자존감이 높은 교사가 자존감이 높은 학생을 만든다! 책을 읽으며 '나는 어떤 교사인가'를 깊이 돌아보게 한 책입니다. 현장에서 학생을 가르치는 교사뿐 아니라 학생의 인성에 영향을 미치는 모든 분에게 많은 깨달음을 줄 것입니다. 어떻게 해야 학생을 잘 가르치고 좋은 성적을 낼 수 있을까를 고민하기에 앞서 교사로서 자신의 자존감은 어떤지, 또 가르치는 학생의 자존감은 어떤지 점검하게 됩니다. 현장에서 아이들을 위해 관심을 가지고 함께 고민하는 선생님이 되어야겠다는 생각도 합니다. 이 책은 교사와 학생, 모두가 반드시 읽어 볼 필요가 있습니다. 이 시대에 꼭 필요한 자존감 교육을 위한 필독서입니다.

신한성_초등학교 교사

## 교사의 '첫 마음'이 떠오르다

이 책을 읽으며 교사가 되고 싶었던 '첫 마음'이 떠올랐습니다. 왜 교사가 되고 싶었는지, 무엇 때문에 그렇게 열심을 내서 준비를 했었는지 회상해 보는 시간이었습니다. 일상에 치이고 아이들과의 부대낌이 힘들어 사명감을 잃어버린 제 모습에 마음이 아팠습니다. 교실에서 반 아이들과 실제로 해 볼 수 있는 좋은 스킬을 배울 수 있는 시간이었습니다. 이제 다시 첫 마음으로 반 아이들에게 시선을 맞추고 그들과 함께 호흡해 보려 합니다. 좋은 선생님이 되길 원하는 교사에게 이 책을 적극 추천합니다.

황진영_초등학교 교사

# '학생'이 아니라 '보경이'로 봐 주신 선생님

이 책을 가벼운 마음으로 읽기 시작했는데 읽는 내내 몇 번이나 코끝이 찡해졌습니다. 눈물 나는 감동의 스토리가 있는 것은 아니지만, 아이와 선생님에 관한 이야기 속에서 제 과거의 모습이 스쳐 지나갔기 때문입니다. 제가 학교를 다닐 때 느꼈던 상처와 분노와 실망감도 떠올랐지만, 감사와 안도의 마음도 더 컸습니다. 조세핀 교수님과 함께 공부하면서 움츠러져 있던 제가 회복되고 있음을 막연히 느끼고 있지만 이 책을 통해 제가 왜 주눅 들었는지 안개가 걷히듯 깨닫게 되었습니다. 그것이 자존감 문제였다는 것을 알게 된 것입니다.

저는 다양한 환경에서 많은 훌륭한 선생님들께 수업을 받았습니다. 그분들 중 저를 '학생'이 아니라 '보경이'로 봐 주신 선생님을 저는 오랫동안 기억하고 있습니다. 선생님이 저를 그저 지나가는 한국 학생이 아니라, 저의 가능성을 믿어 주고 존중해 주셨을 때 학업뿐 아니라 인격적으로 성장하고 꽃처럼 필 수 있었던 것 같습니다. 이 책을 통해서 선생님들이 겉으로는 온전해 보이나 속으로는 깨질 것 같은 학생들이 온전하게 두 발로 설 수 있도록 도와주셨으면 좋겠습니다. 또 부모님과 학생들이 자신을 되돌아보는 계기가 되길 바랍니다.

김보경_하버드대학교 교육대학원 학생

# 하버드대 교실 속 자존감

조세핀 교수님의 수업 첫 날, 저의 이름을 정확하게 기억하고 불러 주시는 교수님의 모습이 참 인상적이었습니다. 수업 중에도 학생들이 의견 나눌 때마다 "예슬아, 나눠 줘서 고마워" 하고 학생의 이름을 불러 주며 항상 고맙다고 말씀하십니다. 이런 조세핀 교수님을 보며 교수님께서 얼마나 학생 한 명 한 명을 깊이 알아 가기 원하시는지 알 수 있었습니다. 그러한 노력들을 통해 저희는 수업 시간에 민감하고 다루기 힘든 주제와 이슈에 대해서도 도전을 두려워하지 않으며 솔직하게 나눌 수 있는 안전한 공간을 만들었습니다. 이 책은 조세핀 교수님께서 중요하다고 생각하시는 것뿐만 아니라 교수님께서 직접 교실에서, 삶 속에서 실천하고 가르치시는 유익한 내용을 담고 있습니다. 다음 세대를 이끌어 갈 아이들의 중요한 자존감 형성에 선생님의 역할이 얼마나 중요한 지 관심 있으신 모든 분들께 이 책을 추천해 드립니다.

박예슬_하버드대학교 교육대학원 학생

## 자존감이 높은 학생이 맺는 열매

조세핀 교수님이 쓴 《교실 속 자존감》에서 그리는 교실의 모습을 보면 꿈이 생긴다. 그 교실에서는 사회, 감정, 정신, 영적으로 건강한 학생들이 안전한 환경에서 생활하고 있다. 그들의 자존감은 선생님의 영향으로 건강하게 세워 졌고, 그들은 하나님이 창조하신 자신의 모습을 발견하는데 더욱 몰두할 수 있다. 일 년간 조세핀 교수님의 수업을 들으면서 나는 이것이 실현 가능한 기대이며, 자존감이 높은 학생들이 맺는 결실이 달콤하고 영원하다는 것을 배웠다. 하나님이 그분의 자녀들을 창조하신 깊은 뜻과 계획을 알면 자신에 대한 스스로의 평가, 즉 자존감이 높아진다. 자존감이 높은 사람에게는 영원한 기쁨이 있다.

Susan Kong_미시간대학교 초등교육학 대학원생

누군가가 희망의 눈으로 한 아이를 바라볼 때
그 아이는 엄청난 일을 해낼 수 있게 됩니다.
선생님이 학생에 대해 예언한 대로,
학생은 그대로 자란답니다.

# '학생들'이 아닌
# '한 학생'으로 보기

저는 8세 때 미국 시카고로 이민을 갔습니다. 한국에서 이민자들이 몰려들던 때였죠. 한국뿐 아니라 일본, 중국에서도 이민자들이 몰려왔습니다. 아시아계 학생들이 갑자기 많아졌는데 학교는 아무런 대책도 세우지 못한 상태였습니다. 이민 가정의 학생들을 어떻게 가르쳐야 할지 모르니 그대로 방치할 뿐이었죠.

그래서 영어를 한마디도 할 줄 모르던 저는 학교에서 꿀 먹은 벙어리처럼 하루 종일 입을 다물고 있다가 집으로 돌아오곤 했습니다. 그나마 말이 필요 없는 미술 시간에나 뭔가를 할 수 있었습니다. 선생님이 주시는 재료로 그림을 그리라고 하면 그리고, 오리라고 하면 오려서 만들어

놓으면 잘했다는 칭찬을 듣곤 했습니다. 덕분에 제 작품이 게시판에 붙곤 했어요. 말을 못해서 답답하긴 했지만 부담이 없어서 오히려 좋았습니다. '미국 학교에서는 이런 것만 하면 되는구나' 하고 생각했지요.

그런데 첫 학기 성적표를 받고는 정말 기절하는 줄 알았습니다. 성적표에 영어 F, 역사 F, 수학 F, 과학 F, 미술 A+⋯. 미술만 빼고 전 과목 F였거든요. 한마디로 낙제생이 된 것입니다. 영어는 못하지만 F가 'Fantastic'(환상적인)이 아니라는 걸 바로 느낄 수 있었어요. 어린 마음에 얼마나 큰 충격을 받았던지 그 이후로 스스로 '나는 아무 희망이 없는 망한 아이'라는 생각을 하기 시작했습니다.

그랬던 제가 4학년 때 인생 역전을 경험하게 되었습니다. 그때까지도 저는 학교에서 두각을 나타낼 기회를 가져 보지 못한 채 있으나 마나한 존재로 살고 있었어요. 그런데 어느 날부터인가 한 선생님이 제게 기회를 주시기 시작했습니다. 그분은 제 안에 있는 평범한 가능성에 주목하셨죠.

## 한 줄기 빛 같았던 선생님의 미소

우리 가족이 살았던 버지니아 주 린치버그에는 한국인 가정이 모두 여덟 가정밖에 없었습니다. 그곳에서 동양인은 거의 외계인과 다름없었지요. "이상하게 생긴 애, 넌 어디서 왔니?"로 시작된 질문은 끝도 없이 이어졌습니다. 88 서울올림픽이 열리기 전이어서 코리아라는 나라 자체를 대부분 몰랐으니까요. 그런데 중국과 일본은 알아서 제가 아무리 "나는 한국인이야"라고 말해 줘도 아이들은 "우린 그런 나라 몰라. 넌 중국인이야"라고 말하곤 했습니다. 다음 날에도 아이들은 똑같은 질문을 했습니다. 저는 "한국에서 왔어"라고 대답했지만 아이들은 "아니, 넌 일본인이야" 하고 제멋대로 말해 버리고 가곤 했어요. 자기들 마음대로 저를 중국 아이로 만들었다가 일본 아이로 만들었다가 하는 것이었어요.

그렇게 이리 치이고 저리 치이는 중에 저를 '동양에서 온 아이'가 아니라 평범한 '한 아이'로 보시는 선생님을 만난 것입니다. 그 선생님은 제게 자기 자신을 투자하기 시작하셨어요. 시간과 노력, 관심과 에너지를 투자하신 거예요. 매일 쉬는 시간에 아이들이 놀이터에서 놀 때 선생님은 제게 과외를 시켜 주셨어요. 영어를 못하는 저를 위해 영한사전과 온갖 그림들을 가져다가 영어 단어의 뜻을 가르쳐 주시기 시작했습니다.

그날도 선생님은 영한사전을 찾아가며 제가 낱말 퀴즈를 풀 수 있도록 도와주셨어요. 30~40분 동안 총 10문제를 어렵게 풀고 난 뒤에 선생님이 제 인생을 바꿔 놓는 아주 엄청난 행동을 하셨어요. 낱말 퀴즈 책 맨 위에 '100'과 'Wonderful!'을 아주 크게 쓰시고는 제가 그때까지 본 미소 중에 가장 큰 미소를 지어 보이신 거예요. 마치 어둠을 뚫고 들어오는 빛 같은 힘을 가진 미소였죠. 뭐라고 설명할 수 없는 여러 가지 감정들이 순식간에 몰려왔습니다.

| | |
|---|---|
| **충 격** | 선생님이 뭔가 실수하신 것 같아. 말도 안 돼. 100점은 나랑 어울리지 않아. |
| **불 신** | 내가 100점이라고? 정말? 미국 100점과 한국 100점이 같은 걸까? 믿기지 않아. |
| **신기함** | 어머, 진짜? 와! 내가 이럴 수도 있는 건가? |
| **기 쁨** | 내가 정말 해냈나 보네? 엄마 아빠가 뭐라고 하실까? 빨리 말씀드리고 싶다! 얼마나 좋아하실까? |
| **안 심** | 나도 이젠 잘할 수 있나 봐. 내게도 기회가 있는 걸까? 휴, 다행이다. 이제 숨 쉴 수 있을 것만 같아. |
| **희 망** | 나도 가능성이 있구나. 이런 식으로 열심히 하면 나도 해낼 수 있을지 몰라. 난 망한 아이가 아니었어. |

## 교사만이 일으킬 수 있는 기적

그것은 제 삶을 완전히 변화시키는 경이로운 순간이었습니다. 그 후 6개월 만에 영어를 마스터했고, 덕분에 눈에 띄지 않던 아이에서 손을 번쩍 들고 적극적으로 대답하는 아이로 바뀌었습니다. 참 놀랄 일이죠. 아이들이 그렇답니다. 교사가 학생에게 얼마나 지대한 영향을 끼치는

지를 그때 깨달았습니다.

저도 그 선생님과 같은 사람이 되고 싶다는 꿈을 갖게 되었습니다. 그분은 단지 제 머릿속에 정보를 채워 준 사람이 아니라 인생을 바꿔 놓은 사람이었습니다. 저도 그런 사람이 되고 싶었습니다.

한 사람의 인생 궤적을 바꿀 수 있는 힘을 가진 사람, 자기가 무엇을 할 수 있는지조차 모르도록 방치된 어린아이에게 자신을 제대로 볼 수 있도록 해 주고 가야 할 방향을 가르쳐 주는 사람…. 그런 사람은 아무나 될 수 있는 게 아니라는 것을 이미 그때 어렴풋이나마 알았던 것 같아요. 나중에 분명히 알게 된 것은, 한 아이를 진심으로 사랑하고 관심을 기울이고 그 아이를 위하여 자신의 시간과 노력, 재능과 에너지를 기꺼이 희생하고 투자할 수 있는 사람만이 한 아이의 인생을 바로잡아 줄 수 있다는 것입니다.

직업이니까, 전공이니까 어쩔 수 없이 하거나 습관적으로 하는 대신에 소명감을 가지고 자기 앞에 있는 아이를 있는 그대로 받아 주면서 동시에 훌륭하게 자란 미래의 모습이 이미 이루어진 것처럼 대해 주고, 그 미래를 향해 나아가는 길을 찾도록 돕겠다는 결심을 하는 교사가 한 아이의 인생을 바꿔 줄 수 있습니다. 교사는 매일 새롭게 결심하고 또 결심해야 하지요. 그래야 감당할 수 있는 일이니까요.

4학년 때 만났던 그 '이상한' 선생님이 제게 무슨 큰 기대를 해서 관심을 가지신 것은 아닐 겁니다. 똑같은 아이일 뿐인데 단지 동양인이라는 이유로 기회를 갖지 못한 채 방치되어 있는 모습이 안타까우셨을 거예요. 그래서 최소한의 기회라도 갖게 해 주고 싶어서 시작하셨을 겁니다.

그런데 30년이 지난 지금, 결과가 어떤가요? 학교에서 존재감조차 없던 아이가 오늘날 하버드대학교에서 학생들을 가르치면서 전 세계의 많은 부모와 교사들에게 선생님이 제게 하셨던 것처럼 방치된 아이를 발견하고 사랑하는 법을 가르치는 사람이 되리라고 누가 상상이나 했겠습니까? 한 아이에게 선생님의 영향력은 절대적입니다.

오늘의 저는 제가 만든 것이 아닙니다. 소명감을 가지고 제게 손을 내밀어 주셨던 여러 선생님들이 만들어 주신 것입니다. 하버드대학교의 제 사무실에 처음 앉았을 때 누가 가장 먼저 떠올랐을까요? 가족과 함께 떠오른 것은 초등학교 4학년 때 만났던 바로 그 선생님이었습니다.


## 단 한 명의 어른만 있어도⋯

미국에 옐로우페이지닷컴(www.yellowpages.com)이라는, 사람을 찾는 인터넷 사이트가 있습니다. 선생님의 성함인 '제닛 캡스'를 검색해 봤어요. 그랬더니 신기하게도 머리가 하얗게 세신 선생님의 얼굴이 뜨는 것이었습니다.

설레는 맘으로 전화를 드렸더니 처음에는 저를 못 알아보시고 누구냐고 되물으셨어요. 그래서 설명을 드렸더니 갑자기 조용해지시더군요. 그러고는 잠시 후에 울먹이는 목소리로 "너를 기억한단다"(I remember you)라고 말씀하셨어요.

저는 제닛 캡스 선생님께 여쭤봤습니다.

"선생님은 35년 동안 학생들을 가르치셨습니다. 그것도 상당히 효과적으로요. 그 비결이 무엇인가요?" 선생님은 이렇게 말씀하셨습니다. "나는 지난 35년 동안 새벽마다 4시 30분에 일어나 집안 환경이 좋지 않은 아이, 공부를 어려워하는 아이, 부모가 없는 아이 등을 위해 한 명 한 명 이름을 불러 가며 기도했단다. 네가 우리 반일 때도 너를 위해 가장 많이 기도했었지." 학생들을 매 순간 마음에 품고 사신 선생님의 그 말을 듣고 가슴이 뭉클해졌습니다. 그때 이후로 일주일에 한두 번씩 메일을 주고받고 있습니다.

저는 기적 같은 그날 이후부터 지금까지 어떻게 하면 제닛 캡스 선생님 같은 사람이 될 수 있을지를 내내 고민해 왔던 것 같습니다. 이 책을 읽는 독자들과 나누고 싶은 이야기가 바로 이것입니다. 어떻게 하면 제닛 캡스 선생님 같은 사람이 될 수 있을까요?

이런 말을 할 때마다 가장 먼저 듣는 말이 "한국의 교육 시스템에 문제가 많다"는 이야기입니다. 그렇습니다. 특히 저같이 서구 교육 시스템에 익숙한 사람의 눈으로 보면 더욱 암담하게 보이기도 합니다.

하지만 어떻게 보면 그런 것들은 세계 어느 나라에서도 흔히 있을 수 있는 보편적인 문제입니다. 제닛 캡스 선생님도 그런 시스템 안에 있었고요. 당시에 선생님은, 말 못하는 동양인 어린아이는 돌볼 여력이 전혀 없는 미국 교육 시스템 안에 있었음에도 불구하고 조세핀 김이라는 한 아이에게 관심을 기울이셨습니다.

이처럼 상황과 상관없이 교사의 영향권 내에서 교사가 할 수 있는 일들이 분명히 있습니다. 교육 시스템이 아무리 엉망이고, 학부모가 아무리 꼴통이어도 아이를 진심으로 돌봐 주는 단 한 명의 어른만 있으면 그 아이는 변합니다. 이 어른을 전문적인 용어로 '원 케어링 어덜트'(one caring adult)라고 하는데 그 역할을 할 수 있는 0순위에 있는 사람이 바로 교사입니다.

그래서 저는 선생님들께 부탁하고 싶습니다. 내 마음을 아프게 하고, 자꾸 마음이 가는 '한 아이'에게 '원 케어링 어덜트'가 되겠다고 결심해 주세요. 누군가가 희망의 눈으로 한 아이를 바라볼 때 그 아이는 엄청난 일을 해낼 수 있게 됩니다. 이것을 믿으세요. 선생님이 학생에 대해 예언한 대로, 학생은 그대로 자란답니다.

저와 같은 결심을 하고 확신을 가지신 선생님들에게 지금부터 그 '한 아이'를 어떻게 바라보고 대화하며, 스스로를 자랑스럽게 여기고 꿈을 가지고 달려 나가도록 도울 수 있는가에 대해서 이야기하려고 합니다.

# SELF-ESTEEM

IN THE
CLASSROOM

**Part 1** 우울한 학생들, 자존감이 문제다

# 01

## 패스하지 말고
## 안테나를 세우라

심리학의 바이블이라 불리는 《디 에스 엠 4》(*DSM-IV*)에는 인간이 앓는 문화적인 정신병의 종류가 나옵니다. 여기에 한국인들만 경험할 수 있는 병이 두 가지 등장합니다. 하나는 신병(神病)이고 하나는 화병(火病)입니다. 신병은 조상신이 내 안에 산다고 믿는 병이고, 화병은 일종의 우울증입니다.

영어로 앵거 신드롬(anger syndrome)이라고 하는 화병은 화를 억누르고 참았을 때 생기는 병이지요. 특히 45~60세 사이의 주부들에게서 많이 나타나는 것으로 알려져 있습니다. 자신의 진가를 아무도 인정해 주지 않고 사랑해 주지 않을 때, 즉 모든 인간이 필요로 하는 감정적인 필요가 채워지지 않을 때 찾아오는 질병입니다. 감정적인 필요란 무엇일까요? 누군가 나를 사랑해 주고, 가치를 인정해 주고, 있는 그대로를 받아 주기를 원하며, 어딘가에 소속되기를 원하는 것입니다.

화병은 아이들에게서도 발견할 수 있습니다. 어른의 조건부 사랑 때문에 비롯된 것입니다. "좋은 학생이 되려면, 혹은 네가 사랑받으려면 이런저런 일을 해야 한다. 공부를 잘해야 하고 명문대학에 입학해야 한다." 이런 조건들이 줄줄이 딸린 사랑 속에서 자란 아이들은 우울증을 앓습니다. 부모나 사회가 제시한 조건에 합당하면 용납이 되고 사랑을 받는데 그렇지 못하면 사회에서, 심지어는 가정에서조차 밀려나게 되기 때문입니다.

교사가 가장 먼저 해야 하고, 늘 규칙적으로 해야 할 일은 자기 점검입니다. "교사로서 나는 학생들을 얼마나 사랑하는지, 그들의 진가를 인정해 주며 있는 그대로 받아 주고 있는지, 학생들에게 사랑과 인정을 얼마나 표현하고 있는지, 그리고 그들이 교실과 학교에 소속감을 느끼도록 돕는지"에 대해서 점검해야 합니다.

우울증이 심한 아이들과 오랫동안 만나다 보면 그 내면에 용광로보다도 더 뜨거운 화가 부글부글 끓고 있는 것을 발견하게 됩니다. 문화적으로 보면 한국인은 기질적으로 우울증에 걸리기가 쉽습니다. 화가 나면 화를 내는 게 정상인데, 표출할 수 없는 상황이면 그 화가 사라지는 게 아니라 자기 자신에게로 향합니다. 그렇게 자꾸 안으로 쌓인 화가 나

중에 화병이 되고 우울증이 되는 것입니다. 그림 속 아이는 피투성이가 된 채 선인장을 꽉 끌어안고 있습니다. 저 아이는 왜 고통을 무릅쓰고 선인장을 끌어안고 있을까요? 가시가 찌르는 걸 빤히 알면서도 왜 스스로를 아프게 할까요?

우울증이 심한 아이들이 바로 이와 같습니다. 남을 해치지는 않아도 자기 자신을 계속 찌르고 깎아내리며 스스로 아프게 합니다. '그래 봤자 넌 안 돼. 아예 시도도 하지 마.' 이런 생각이 자신을 아프게 합니다. 보통 감정은 밖으로 분출되기 마련인데 우울증은 거꾸로 자기 자신을 향하고 있습니다.

미국의 학교 폭력 상황을 보면 가해자들은 대부분 우울증과 힘든 싸움을 하는 학생들임을 알 수 있습니다. 안타깝게도 절실히 필요한 도움을 제때 받지 못한 학생들이죠. 지난 몇 년 동안 미국에서 있었던 총기 사건을 떠올려 봅니다. 어떤 사람들은 총이 너무 흔해 생기는 문제라고 말하고, 정치인들은 총기 소지를 더 엄격히 제한해야 한다고 주장하며 다툽니다. 총을 너무 쉽게 구할 수 있다는 것도 문제지만, 총을 구할 수 없는 한국의 학교 폭력도 미국 못지않게 점점 심해지고 있습니다.

## 조용한 우울증 아이, 조승희

2007년 미국 버지니아공대에서 발생한 총기 난사 사건을 기억하실 겁니다. 32명을 죽이고 17명에게 부상을 입힌 후 자살한 조승희는 1.5세대 한인 남학생이었습니다. 미국과 한국 사회 모두에 엄청난 충격을 준 사건이었습니다.

조승희에 대해 어떻게 생각하시나요? 한국식으로 말하자면 '묻지마' 살인 케이스 중에서도 최악으로 꼽을 만하지요. 그에게 '희대의 살인마', '괴물' 같은 꼬리표를 붙여 놓고 외면하고 싶은 게 솔직한 심정입니다. 그가 원래부터 정신 질환을 앓고 있었다는 말에 고개를 끄덕이며 "그러면 그렇지"라고, 자신과는 다른 사람이었음을 확인하고 싶어합니다.

그런데 과연 정말 그런가요? 조승희는 태어날 때부터 문제가 있던 사람이었을까요? 아마 그도 어린 시절에는 지극히 평범한 사람이었을 것입니다. 그러다가 차츰 어떤 증상을 보였겠죠. 처음에는 남이 아닌 자신만 괴롭히는 증상이었을 것입니다.

조승희가 바로 내 학생이라고 생각해 볼까요? 이런 학생에 대한 교사의 판단은 대부분 이렇습니다.

문제가 있긴 하지만 공부 잘하고 남에게 해를 끼치지는 않으니까, 상관하지 말자.

이것이 문제입니다. 주먹으로 사람을 때리고 물건을 던지는 학생들은 오히려 지속적인 관심의 대상이 됩니다. 그런데 겉으로는 조용한 '우울증' 학생들은 교사의 돌봄을 거의 받지 못합니다. 아마도 조승희가 바로 그런 학생이었을 것입니다.

조승희는 중학교 때부터 말 안 하는 병, 즉 선택적 함묵증(selective mutism)을 앓았다고 합니다. 이 병은 육체적, 정신적 장애가 없음에도 불구하고 말을 하지 않는 병입니다. 심하게 조용하죠.

대개 교사는 조용한 학생은 그냥 지나치고 싶어 합니다. 시끄러운 학생들을 관리하기도 벅차니까요. 하지만 지나치게 조용한 학생은 반드시 관심을 갖고 지켜봐야만 합니다.

조승희는 선택적 함묵증뿐 아니라 우울증도 심했습니다. 굉장히 안타까운 일입니다. 단 한 명이라도 그를 이해하고 받아 주는 사람이 있었더라면 그는 완전히 다른 사람이 되었을 수도 있습니다. 그런데 그럴 수 있는 기회조차 갖지 못했습니다.

그가 무고한 제3자를 무차별적으로 죽이는 끔찍한 가해자가 되기까지 사회는 그를 계속 좌절시켰고, 학교와 교사들은 말없는 그를 그냥 '패스'하곤 했던 것입니다. '보이지 않는, 그러나 견딜 수 없는' 억압이 그런 끔찍한 사건을 낳은 것입니다.

학생은 누구나 자기가 처해 있는 환경이 일관되게 견디기 힘들면 좌절하고 포기하게 마련입니다. 조승희의 인생이야말로 최고의 포기라고 볼 수 있겠죠. 그에게 기회가 전혀 없었을까요? 아닙니다. 다만 그가 필요했던 방식으로 주어지지 않았을 뿐입니다. 너무나 가슴 아픈 일이죠.

저는 지금도 조승희를 떠올리면 가슴이 미어집니다. 수많은 학교 폭력 가해자들의 잃어버린 꿈과 사라져 버린 미래를 생각하면 눈물이 나옵니다.

교사들이여! 성공할 것 같은 아이, 공부 잘하는 학생만 키워서는 안 됩니다. 교사에게는 성공적인 건강한 '인간'을 양육해 내야 하는 의무가 있습니다. 내면의 안테나를 세우고 따뜻한 시선과 희망찬 칭찬이 필요한 학생이 주변에 있는지를 늘 살펴야 합니다.


## 외모에 민감한 학생들

어떤 여학생이 거식증(anorexia)을 앓고 있었습니다. 아예 음식을 먹지 않는 거죠. 그런데 이 학생은 점심시간 때 남 모르게 노트를 찢어서 먹곤 했어요. 배는 고픈데 음식을 먹으면 살이 찌기 때문에 대신 종이를 먹은 것입니다.

이 여학생의 거식증은 언제부터 시작됐을까요? 엄마가 무심코 던진 한마디가 발단이 되었다고 합니다. 엄마가 "너는 너무 뚱뚱해서 5kg 정도 빼지 않으면 가족사진을 찍을 수 없어"라고 말한 것입니다. 이 한마디가 그녀를 섭식 장애로 몰고 간 것입니다. 그런 사소한 것 때문에 병에 걸리나 싶겠지만 충분히 일어날 수 있는 일이고, 실제로도 빈번히 일어나고 있습니다.

섭식 장애를 앓는 학생들이 꽤 많습니다. "일주일 동안 무엇을 먹었니?" 하고 물으면 상추 한 잎만 먹었다고 대답하는 깡마른 학생들이 있습니다. 이런 학생들이 있으면 선생님은 스트레스를 받지요. 하지만 이런 학생들이 점점 늘어날 것이라는 사실을 아셔야 합니다.

도대체 언제부터 이런 이상한 현상이 일어나기 시작했을까요? 완벽한 외모를 강조하는 매스미디어, 외모로 가치를 판단하는 사회가 섭식 장애를 불러온 것입니다. 섭식 장애는 주로 자존감이 낮고 정체성이 불안정한 억압 상태의 학생들에게 찾아옵니다.

교사는 학생의 외모에 대해 조심스럽게 말해야 합니다.

"머릿결이 왜 그 모양이야? 꼭 수세미 같잖아."

"넌 여드름이 왜 이렇게 많아? 좀 씻고 다녀라."

"무다리가 따로 없네. 넌 치마 입으면 안 되겠다."

인간적인 노력으로는 변화시킬 수 없는 키나 생김새를 가지고 함부로 말해서는 안 됩니다. 선생님의 말 한마디 때문에 아이는 멀쩡한 무릎 관절을 쪼개어 철심을 박기도 하기 때문입니다.

반대로 외모가 예쁘거나 잘생겼어도 말을 삼가야 합니다.

"네가 우리 반에서 제일 예뻐."

"잘생겼으니까 넌 그런 거 안 해도 돼."

지혜롭지 않은 칭찬은 부담과 오해를 줄 뿐입니다.

**선생님** 너 요즘 많이 예뻐졌다.

**학 생** (속으로) 예전엔 내가 얼마나 못났으면….

**선생님** 머리를 그렇게 하니까 훨씬 나아.

**학 생** (속으로) 내가 그동안에 그렇게 이상했나? 학교 올 때 신경 못 쓰고 오기라도 하면 그때는 뭐라고 하실까?

**선생님** 너 살 빠졌니? 그래, 살 빼니까 얼마나 보기 좋아.

**학 생** (속으로) 살쪘을 때는 보기 흉했다는 말이네….


**선생님** 넌 몸은 뚱뚱해도 얼굴은 참 예뻐.

**학 생** (속으로) 칭찬이야 욕이야? 알 수가 없네.


어떤 말이라도 다른 학생들이 보고 차별을 느낄 만한 언행은 하지 않는 것이 교사의 기본자세이며 지혜이고 원칙입니다. 특히 성장기의 아이들은 어느 때보다 외모에 더 민감하다는 사실을 간과하지 마세요.

아이들은 학교 말고 다른 곳에서는 성장할 기회가 없습니다. 자존감과 자신감은 학교에서 길러야 합니다. 초등학교부터 고등학교까지 평균 하루에 8~10시간씩, 12년간 학교를 다녀야 합니다. 아이들은 인생의 대부분을 선생님 밑에서 보내는데 교사가 학생의 어려움을 몰라주고 도움을 주지 않는다면 그 아이들은 갈 곳이 없습니다.

학교에서 도움을 받지 못하고, '우리 선생님, 우리 학교'에 대한 소속감을 느끼지 못한다면 이 학생은 어떡하란 말이죠?

## 02
## 자존감이 낮은 학생의
## 증상들

　자해하는 학생들도 점차 늘어나고 있습니다. 이 아이들은 보이지 않는 곳에 스스로 상처를 냅니다. 주로 가슴이나 허벅지 안쪽에 상처를 내지요.

　"왜 자꾸 너 자신을 아프게 하니?"

　"내가 죽은 거 같아서요. 피를 봐야 살아 있다는 걸 알 수 있어요."

　정신적인 공허감이 육체적인 자해로 연결되는 것입니다. 자해와 자살은 개념이 많이 다릅니다. 자해를 잘 하는 아이들은 대개가 집안 형편이 좋고 공부도 잘하고 예쁜 아이들입니다. 정말 놀랄 일이죠. 왜 이런 일이 벌어질까요? 남에게 표현하지 못하는 압박감과 억압을 이런 식으

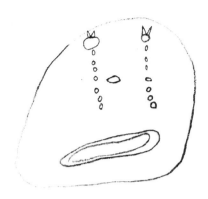

로 표현하는 겁니다. 내면이 죽은 아이들은 피부를 할퀴고 베고 데우거나 상처를 내도 별 감각이 없습니다. 그만큼 속이 죽어 있다는 뜻이죠. 겉으로 멀쩡해 보이는 아이들이 자해를 더 많이 한다는 사실을 꼭 기억하시길 바랍니다.

위의 자화상을 그린 학생은 심각한 우울증을 앓고 있었습니다. 우울한 사람들의 그림에는 이렇게 누군가가 울고 있곤 합니다. 사람이 울거나 고양이가 울거나 하늘이 웁니다. 상황은 늘 같아요. 자기들이 속으로 그렇게 늘 울고 있는 것입니다. 이 그림을 그린 아이도 눈물을 많이 흘리고 있는데 눈동자가 없습니다. 눈동자를 그리지 않는 아이들은 마음이 텅 빈 듯한 상태로 지내고 있음을 나타냅니다.

미국에는 우울증에 대한 정보가 대중적으로 많이 알려져 있어서 학생이 그런 증상을 보이면 즉시 상담이 필요하다고 판단하고 조치를 취할 수가 있습니다. 그런데 한국에서는 아직까지도 자녀나 학생의 우울증이나 자살 충동을 사실 그대로 인정하지 않으려고 합니다. 우울증이 있는 아이는 그렇지 않은 아이에 비해서 자살 충동이 4배나 더 강합니다. 따라서 자살 방지를 위해서라도 청소년의 우울증에 대한 정보를 충분히 숙지하고 돌봐야 합니다.

최근 들어 연예인의 자살 사건이 많아졌습니다. 몇 년 전 유명 여자 연예인이 자살했을 때, 경찰이 사체를 검안하는 과정에서 목에 난 흉터들을 발견했습니다. 그 소식을 듣고 저는 그녀가 이미 오랫동안 우울증을 앓아 왔다는 사실을 알았습니다.

우울증과 동반하여 나타나는 것이 바로 알코올 중독입니다. 드라마에서 주인공이 고민에 빠질 때마다 폭음하는 장면이 나오는 것이 정말 안타깝습니다. 그것을 보고 배운 아이들이 기분이 나쁘거나 일이 잘 풀리지 않으면 술을 찾기 때문입니다. 고민이 있을 때 술이 아닌 다른 것으로 복잡하고 슬픈 감정을 다스리는 예를 보여 주어야 합니다.

매스미디어의 무차별적인 영향에 특히 방치되어 있는 것은 유아입니다. 텔레비전에서 보여 주는 장면이나 들려주는 소리는 유아에게 그대로 흡수되어 가치관이 되거나 문제해결 방식이 되고 말버릇으로 굳어집니다. 실제로 5세 유아와 놀이 치료를 하는데, 아이가 인형에게 자꾸 무언가를 마시게 했습니다. 왜 그러냐고 물으니 인형이 지금 슬프기 때문에 술을 먹여야 한다고 대답했습니다. 소름 끼치도록 무서운 일이지요.

우울증 증상 중에는 남다른 수면 습관이 있습니다. 지나치게 잠을 많이 자는 경우가 있는데, 한번 잠들면 깨어나지 못하는 아이가 있습니다. 반대로 잠을 이루지 못하는 아이도 있습니다. 우울증이 생기면 식욕에도 변화가 옵니다. 내일이 없는 것처럼 폭식을 하는 경우가 있고, 반대로 식욕이 떨어져서 아예 식사를 안 하는 아이도 있습니다.

또 다른 증상으로 혼자 있고 싶어 하거나 친하게 지냈던 사람들과 관계를 끊고, 취미 생활도 안 하고 모든 것에 흥미를 잃기도 합니다. 청소년의 우울증은 특히 화로 나타날 때가 많습니다.

식욕이 일시적으로 떨어지거나 수면 습관이 바뀌는 경우가 있습니다. 또 몸무게가 늘거나 줄기도 합니다. 우울증의 여부는 대개 이러한 증상이 2주 이상 지속되는가에 있습니다. 만일 이런 증상이 장기적으로 지속된다면 아이에게 심정적인 변화가 분명히 있다고 봐야 합니다.


## 자살, 어떻게 막아야 하나?

자살 충동을 느끼는 아이들은 크게 두 가지 변화를 보입니다. 하나는 자기가 소중하게 여기는 물건들을 남에게 주기 시작합니다. 이제 필요 없다는 거죠. 만약 그런 행동을 하는 아이가 있다면 반드시 눈여겨 봐야 합니다.

또 자살을 심각하게 생각하는 사람들에게는 자살을 위한 계획이 있습니다. 어떻게 죽을 것인지 궁리하기 시작하죠. 혹시 학생이 찾아와서 "요즘 통 살고 싶지가 않아요. 죽어 버릴까 봐요"라고 얘기한다면 절대 그냥 지나쳐선 안 됩니다. "자살까지 생각하고 있니?" 하고 반드시 물어봐야 합니다. 학생이 그렇다고 하면 "자살 계획도 생각해 봤어?" 하고 다시 물어야 합니다. 만일 아무 계획이 없다고 하면 아직은 괜찮지만 어떤 계획을 말하기 시작한다면 상황이 매우 심각한 것입니다.

설사 학생이 농담하듯 말하더라도 계획을 구체적으로 말한다면 그 아이는 이미 오래전부터 자살 충동을 느껴 왔고, 계획을 여러 번 세워 본 적이 있다는 뜻입니다. 이럴 때는 가급적 빨리 아이의 부모와 이 문제를 공유해야만 합니다.

그런데 만일 자살을 생각하게 한 동기가 부모 때문이라면, 부모에게 알리기에 앞서 학생에게 먼저 선택권을 주는 것이 좋습니다.

"나는 이 일을 네 부모님에게 말씀드려야만 해. 너를 보호하기 위한 나의 의무야. 하지만 부모님에게 알리는 데는 여러 가지 방법이 있어. 내가 너 대신 부모님께 말씀드리는 방법, 내가 옆에서 도와줄 테니 네가 직접 부모님께 말씀드리는 방법, 아니면 우리가 같이 말씀 드리는 방법이 있어. 꼭 말로만 해야 되는 건 아니야. 편지나 이메일로도 할 수 있고, 휴대전화 문자로도 할 수 있어. 선택은 네가 하렴."

약 2년간 만 3~5세 아이들을 상담한 적이 있습니다. 하루에 6~8시간 동안 상담을 했어요. 유아들과 무슨 상담을 하느냐고 생각하실지 모르지만 유아일수록 더 민감하고 자신의 감정에 깨어 있기 때문에 오히려 더 많은 대화를 할 수 있습니다. 자신의 감정을 표현하는 데 있어서 어른들은 상상할 수 없을 정도로 자연스럽고 풍부한 말로 자유롭게 표현하곤 합니다. 그런데 이 아이들 중에서도 자살을 시도하는 아이가 있을까요?

있습니다. 그래서 한동안 잠을 제대로 못 잤습니다. 유아는 영속이나 영원(permanence)에 대한 개념이 없습니다. 죽음이 뭔지, 사후 세계가 뭔지 전혀 모르지요. 그런데 어느 순간, 너무도 확실하게 이 순간만큼은 자기가 사라졌으면 좋겠다는 느낌을 갖는 것입니다. 그래서 달려오는 자동차를 향해 뛰어드는 아이들이 정말 많습니다. 안타까운 현실입니다.

어떻게 하면 이런 일을 막을 수 있을까요? 해답은 이런 일이 있기 전에 교사가 학생 한 명 한 명과 긍정적인 관계를 맺는 것에 있습니다. 그리고 학생들이 서로를 존중하고 지지하며 어려움을 같이 이겨 낼 수 있는 분위기를 조성하는 것입니다. 또한 단 한 명의 어른이라도 좋으니 그 아이에게 따뜻한 관심을 보이는 것입니다.

특별한 문제가 없더라도 아이들과 늘 대화를 하는 것이 중요합니다. 교사는 늘 학생들을 살펴야 합니다. 누군가 시무룩해 보이면 "내가 너를 봤어. 이야기를 나누고 싶으면 언제든지 선생님에게 오렴. 난 언제든 네 얘기를 들어줄 수 있어. 우리 언제 이야기를 나눌까?" 하며 다가가야 합니다.

심리학과 상담의 차이는, 심리학은 정신병을 다루지만 상담은 일상적인 삶을 다룬다는 것입니다. 학교생활은 아이들에게 가장 중요한 일상입니다. 교사는 학생과 일상을 같이 하면서 돌봐 주어야 합니다.


## 스트레스 공화국

미국에는 아시안 페일(asian fail)이라는 독특한 표현이 있습니다. 한국 아이들에게 이 말 뜻을 물었더니 미국 아이들이 만든 거라고 하더군요. 그래서 이 말이 생긴 과정을 알아봤습니다.

미국 학교에서 시험을 보고 나면 한국 아이들은 자기가 생각한 만큼 점수가 나오지 않으면 늘 스스로 "낙제했다"(I failed)고 말하곤 합니다. 한국 아이들의 낙제 기준이 뭔지 아십니까? B＋나 A-일까요? 아닙니다. 놀랍게도 98점 미만, 즉 A＋가 아니면 다 낙제라고 여기는 것입니다. 미국 아이들이 보기엔 전혀 낙제가 아니거든요. D나 F를 가리켜 낙제라고 합니다. 그런데 그보다 훨씬 높은 점수를 받고도 낙제라고 말하는 한국 아이들을 보고 만든 말이 바로 아시안 페일입니다.

98점 미만이라는 놀라운 기준은 어디서 나왔을까요? 알고 보니 한국 부모들이 자녀가 98점을 맞아 오면 "잘했다"고 칭찬하기는커녕 "2점은 어디 갔어?" 하고 묻는다고 합니다. 집이나 학교에서 스트레스를 받는 아이들은 도망갈 곳이 없습니다.

학생들은 이렇게 말합니다.

"성적만이 나를 정의하지 않아요."

"나를 성적으로 과소평가하지 마세요."

그러나 한국 학생들의 현실은 어떨까요? 언젠가 큰 도화지를 주면서 '한국인'에 대해 생각나는 대로 적어 보라고 했습니다. 한 아이는 "완벽주의자들"이라고 적었고 다른 아이는 거기에다 연결해서 "불만족스럽다"고 쓰더군요. 그 외에도 "압박이 심하다" "잠이 부족하다" "일을 지나치게 열심히 한다" "항상 공부를 해야 한다" "심한 경쟁심" "외모에 대한 평가와 치장이 너무 많다" 등이 있었습니다. 그중에서도 가장 눈에 띈 것은 "스트레스, 스트레스, 스트레스"라고 적은 학생이었어요. 그렇습니다. '스트레스, 스트레스, 스트레스'가 바로 우리 학생들의 현실입니다.

교사 한 사람이 아이들이 놓인 혹독한 현실을 바꿀 수는 없습니다. 그러나 학교에서 교사가 한 아이에게 단 몇 분의 시간을 내어 관심을 기울이고 대화를 한다면 그 아이가 짊어진 엄청난 무게의 스트레스를 조금이라도 덜어 줄 수 있습니다. 이런 노력이 필요합니다. 그렇게 했을 때 아이들은 학교를 좋아하게 되고, 오래가지 않아 학습 반응에 있어서도 동기부여가 되고 학습 능률이 오르기 때문입니다.

# 03

## 문화를 알아야
## 치유가 시작된다

요즘 들려오는 학생들에 대한 비판은 주로 이런 내용입니다.

"버릇이 없다."

"어른을 모르고 어린 것이 제 마음대로 한다."

"아무리 말해도 듣지 않는다."

"고집이 엄청나다."

"선생님을 신뢰하지 않는다."

이런 비판을 들을 때마다 떠오르는 의문이 있습니다.

"혹시 문화 차이나 세대 차이 때문에 선생님이 오해하는 건 아닐까?"

요즘 아이들은 우리 세대처럼 전통적인 한국 문화 안에서만 성장하고 있지 않습니다. 한국에서 나고 자랐어도 전혀 다른 세계를 살고 있습니다. 서구에서 유행하는 것이 같은 시간대에 한국에서도 유행합니다. 오히려 한국에서 주도하는 문화도 있습니다. 세계 각국에서 벌어진 사건, 소식과 문화의 조류가 실시간 안방으로 들어옵니다.

교사는 요즘 학생들의 문화를 이해할 필요가 있습니다. 문화를 이해 못하면 심각한 오해들이 생기고, 세대를 모르면 학생들에게 알맞은 교육 방법을 모색하기가 어렵기 때문입니다.

문화적 충돌과 뒤엉킴을 한눈에 볼 수 있는 것 중 하나가 이메일이나 모바일에서 감정을 표현할 때 사용하는 이모티콘이라고 할 수 있습니다. (^^), (^-^), 이것은 웃는 모습이고 (T_T), 이것은 우는 모습입니다. (@_@), 이것은 눈이 뱅글뱅글 돌 정도로 어지럽다는 뜻이지요.

그런데 이모티콘이 주로 눈을 중심으로 그려진 것을 알 수 있습니다. 이것이 바로 한국 사람의 특징입니다. 어른이 말씀하시면 무조건 "예, 그렇게 하겠습니다"라고 반사적으로 동의하곤 하는데 실제 감정은 눈으로 나타나는 것입니다. 사실 한국인에게서 겉과 속이 다름을 느낄 때가 많습니다. 자신을 다스리고 참는 것이 전통이기 때문입니다. 이런 불협화음이 계속될 때, 스트레스가 쌓이고 화병이 됩니다.

반면에 서구의 이모티콘은 :-) 미소를 짓고, :/ 불만을 표현합니다. :-( 슬픈 표정을 짓기도 하지요. 차이를 발견하셨나요? 그렇습니다. 입 모양이 달라지고 있지요. 어떻게 보면 조금 더 단순하고 솔직한 문화라고 할 수 있습니다. 기쁘면 웃고, 슬프면 울고, 화나면 화났다고 표현하고, 누가 나에게 상처를 입히면 "당신이 이렇게 했을 때 내 마음이 아팠어요. 다시는 안 그랬으면 좋겠고, 대신 다음엔 이렇게 해 주세요"라고 대처 방법까지 말해 주는 문화이니 말입니다. 작은 이모티콘의 예에서도 보다시피 서구 문화와 한국의 전통 문화는 이처럼 차이가 큽니다.

## 문화적 차이를 이해하라

사회의 문화는 특히 자라나는 아이들에게 절대적인 영향을 미칩니다. 언론과 학생이 느끼는 문화와 세대 간 차이로는 무엇이 있을까요?

서구에서는 '나'라는 존재가 가장 중요합니다. 개인주의가 발달했습니다. 그래서 선생님이 아무리 얘기를 해도 본인이 싫으면 싫은 것입니다. 말에도 나타나죠. 영어는 무조건 '나'입니다. '내 조국, 내 엄마.' 그래서 요즘 세대를 보고 미제너레이션(Me-Generation)이라고 합니다. 자기의 시간, 자기의 소유, 자기의 자유가 중요합니다. 자칫 침범을 당하기라도 하면 싸울 준비가 되어 있는 세대입니다.

그런데 한국은 "우리나라, 우리 엄마"라고 표현하지요. 한국 문화에서는 개인보다 공동체가 더 중요합니다. 기성세대는 공동체를 위해서 개인이 희생하는 것이 당연하게 여깁니다. 그런데 요즘 아이들은 그렇게 생각하지 않습니다. "공동체를 위해서 왜 개인이 희생해야 하는

가?" 하고 의문을 제기합니다.

옛날에는 선생님이나 부모님의 말씀에 무조건 순종하는 분위기였습니다. 심지어는 선생님의 한마디에 자신의 뜻과는 상관없이 직업과 진로를 정하기도 했습니다. 그때는 그랬습니다.

그러나 요즘은 그렇지 않습니다. 어른이 아무리 말해도 자기가 따져보고 결정을 합니다. 자신과 맞는지 안 맞는지가 중요합니다. 어른의 말씀이라고 해서 무조건 따라가는 일이 없습니다. 요즘 세대는 있는 그대로를 자연스럽게 표현하고 다른 의견을 당당하게 말하는 문화입니다.

서구 문화는 독립적인 생활을 추구하며 건강한 어른이라면 독립적이어야 한다고 봅니다. 스스로 생각할 수 있는 힘을 기르는 것을 중요하게 여깁니다. 그래서 독서를 한 뒤에는 선생님이 반드시 학생에게 이렇게 묻습니다.

"네가 이 책의 주인공이라면 이런 상황에서 넌 어떻게 하겠니?"

입장을 바꿔 놓고 생각하게 해서 자신의 생각과 의견을 남에게 뚜렷이 전달하도록 가르치는 것입니다. 세계 시장에서 성공하려면 우리 학생들도 자기주장을 확실히 할 수 있어야 합니다.

그런데 우리 문화는 아직도 혼자 움직이면 안 되는 문화입니다. 학생이 자기의 생각을 스스럼없이 말하는 것을 받아들이는 데 불편함이 있습니다. 아이가 자기 의견을 곧이곧대로 말하면 어른들이 기분 나빠하는 거죠. 부모가 확신에 차서 아이에게 뭔가를 주려고 하는데 아이가 "저는 그렇게 생각하지 않아요" 하고 말한다면 어떻게 될까요? 대개는 얼굴을 붉히는 어른에게 일방적으로 혼나기 일쑤입니다. 어른의 입장에서는 버르장머리가 없다고 여기거나 심지어는 반항한다고 여기기도 합니다. 하지만 아이의 입장에서는 혼란스럽고 억울할 따름입니다. 단지 자기 생각을 말한 것뿐인데 혼쭐이 나니 이해가 되지 않는 것입니다.

선생님은 한국 문화권에서 살고 있고, 아이들은 서구 문화권에서 성장하고 있습니다. 당연히 갈등과 충돌이 생길 수밖에 없습니다. 의사소통 방식의 차이도 무시할 수 없습니다.

그럼, 한번 생각해 볼까요. 예전에는 아버지가 일찍 일어나서 일을 다니시고 밤늦게 오시면 '나를 위해서 아버지가 저렇게 희생하시는구나! 열심히 공부해서 보답해 드려야지' 하고 생각했습니다. 하지만 요즘 아이들은 단순히 '아버지가 원하는 삶을 살고 있다'고 생각합니다. 과거에는 아버지가 내게 실수를 하셔도 용돈을 주시면 '우리 아버지가 나한테 미안해서 용돈을 주시는구나!' 하고 알아서 이해해 드렸습니다. 그런데 요즘 아이들은 용돈을 아무리 많이 주고 맛있는 것을 사 줘도 그건 그거고, 실수는 실수 그대로 남습니다. 정식으로 사과하지 않으면 용서하지 않는다는 것입니다. 부모라도 용서하지 않고 죽을 때까지 기억합니다.

말하지 않아도 암시적 의사소통 방식을 통해 눈으로, 몸짓으로 전달하고 이해했던 한국식은 이제 통하지 않습니다. 서구의 이모티콘이 입 모양으로 감정을 전달하는 것처럼 이제 모든 관계를 말로, 명시적으로 표현하고 맺어야 하는 문화 속에 살고 있습니다.

선생님이라고 예외일까요? 아닙니다. 이제 선생님들도 잘못한 일이 있으면 관계 회복을 위해 잘못을 시인하고 명확하게 사과해야만 하는 시대입니다. 요즘 학생들은 '진짜가 아님'(inauthenticity)을 바로 알아보는 능력이 뛰어납니다. 그래서 교사는 더욱 진지한 태도로 감정에 대해 아주 투명할 필요가 있습니다.

## 인정하고 칭찬하는 말을 습관화하라

지금까지 눈치로 밥을 먹었다면 이제는 진지한 말로 밥을 먹는 시대가 된 것입니다. 명시적인 의사소통 방식 때문에 눈치로 상황을 이해하고 행동하는 기술이 점점 없어질 것입니다. 어른들은 요즘 아이들이 눈치가 없다는 말을 많이 합니다. "얘가 왜 이렇게 눈치가 없어. 하나를 알려 주면 열을 알아야지. 답답해 죽겠네" 하고 말할 때가 있지요. 그런데 요즘 아이들, 정말 눈치가 없습니다. 말로 해야 아는 세상을 살고 있기 때문입니다.

한국에서는 집에서 나갈 때 "나 나간다" 하면 끝이었습니다. 그 한마디로도 소통이 되기 때문입니다. 말을 하지 않아도 이해하는 문화가 있기 때문입니다. 말을 해야 알아듣는 요즘 문화와는 완전히 다르죠.

반면에 미국에서 외출할 때는 "어디에 가는데 언제까지 다녀오겠다"고 분명하게 말해야 합니다. 예를 들어 "가게에 다녀올 텐데, 12시까지 올게요"라고 구체적으로 말합니다.

93년생 여학생이 엄마에 대한 불만을 토로했는데, 자기에게 사랑한다는 말을 한 번도 하지 않는다는 것이었습니다. "사랑한다는 말은 하지 않고 매일 밥 먹었느냐고 묻기만 한다"는 게 불만이었습니다. 자기는 그 말이 너무 듣기 싫다고 했습니다.

그래서 그 학생의 어머니에게 "따님이 원하는 한 가지가 있는데요. 사랑한다는 말을 듣고 싶다고 합니다. 자녀와도 말로 마음을 표현하고 관계를 맺으시는 게 중요합니다"라고 조언해 드렸습니다. 그랬더니 어머니가 놀라운 대답을 하셨어요. "무엇 때문에 그런 걸 말로 합니까? 말 안 해도 다 알아요." 어머니는 '눈으로 보고 마음으로 이해하는' 전형적인 한국 사람이었습니다. 그래서 이번에는 딸에게 한국 문화에 대해 설명을 해 주었습니다.

"불과 몇십 년 전만 해도 한국은 무척이나 가난했고 그래서 밥을 먹는 게 너무도 중요한 일이었어요. 한국 사람들에게는 먹는 것이 다른 어떤 것보다 중요했어요. 일단 살고 봐야 하니까. 50년 전만 해도 굶어 죽는 일이 아주 흔했어요. 그래서 아기의 백일을 그렇게 크게 축하해 주는 것이고 어르신의 환갑을 또 그만큼 축하해드리는 거예요. 아기가 백일까지 살기도 어려웠고, 노인이 예순이 넘어서까지 살기도 어려웠으니까요. '밥 먹었니?'라는 인사말에는 이런 과거가 있는 거예요. 엄마가 학생에게 밥 먹었느냐고 물어보시는 건 할 말이 없어서 그냥 내던지는 말이 아니에요. 그 말은 'I love you'와 똑같은 무게를 가진 말이니까요.

다음에 엄마가 또 '밥 먹었니?' 하고 물으시면 '저도 엄마 사랑해요'라고 답해 보세요."

그 후에 학생이 어머니에게 전화를 했습니다. "엄마" 하고 부르니까 역시나 어머니가 "어~ 밥은 먹었니? 거기 날씨는 어때?" 하고 물으시더랍니다. 학생은 치밀어 오르는 짜증을 누르고 "엄마, 할 말이 있어요…" 하고 어색함에 머뭇거리다가 영어로 "아이 러브 유" 하고는 전화를 끊었습니다. 그런데 잠시 후에 어머니가 다시 전화를 해서 "나도"라고 하신 거예요.

이게 무슨 뜻일까요? 서로 마음은 같은데 문화에 따른 의사소통 방식의 차이 때문에 사랑이 전달되지 않고 있다는 뜻이지요. 교사라고 다르지 않습니다. 상당히 많은 교사들이 아이들과 말로 관계 맺는 것에 대해 어려움을 느낍니다. 어릴 적부터 그런 문화에서 자라지 않았기 때문입니다.

학생들과 관계를 맺고 싶으세요? 그러면 오늘부터 당장 시도해 보십시오. 수업을 시작하기 전에 학생들을 인정하고 칭찬하는 말을 하는 습관을 만들어 보세요.

"여러분이 우리 반이어서 선생님은 정말 좋아요."

"매일 하루에 8~10시간씩 공부하는 게 힘들지만 빠지지 않고 열심히 하는 여러분을 보면 선생님은 대견하고 자랑스러워요. 여러분의 그런 면을 나도 본받고 싶어요."

"오늘도 최고의 모습으로 한번 도전해 봅시다. 선생님은 여러분들에게 배울 준비가 되어 있어요. 여러분도 선생님에게 배울 준비가 되어 있나요?"

이렇게 긍정의 힘이 가득 담긴 말로, 인정과 감사의 말로 수업을 시작해 보세요. 지금은 말로 표현해야 할 때입니다.

저는 가끔 수업 시간에 학생들에게 제 기분과 상태에 대해 굉장히 투명하게 밝히곤 합니다.

"와우! 오늘은 학교 오기가 정말 싫었어요. 여러분은 어땠나요? 나만 그랬나요?"

다른 사람들이 보면 황당해할 수도 있지만, 학생들은 굳었던 얼굴을 활짝 피면서 "저도 너무 힘들었어요! 교수님도 그럴 때가 있으시다니 기분이 좋네요" 하고 웃곤 합니다.

공감대를 일단 만들고 '너와 나는 연결되어 있다'는 사실을 일깨워준 뒤에 "피차 오기 힘들었지만 이왕 온 거, 우리 한번 서로에게서 배워볼까요? 어때요?" 하고 수업을 시작합니다. 짧은 1~2분을 통해 공감대를 형성하고 심리적인 안정과 휴식까지 느끼니 공부가 절로 잘되고 재미있어집니다. 참 묘한 일이지요?

"내가 너를 봤어.
이야기를 나누고 싶으면
언제든지 선생님에게 오렴.
난 언제든 네 얘기를
들어줄 수 있어."

# SELF-ESTEEM

IN THE

**Part 2** 교실 속 자존감, 왜 중요한가?

**04**

# 자존감은
# 오뚝이의 힘과 같다

하버드교육대학원의 제자들 중에는 여러 면에서 뛰어난 학생들이 있는데, 이 학생들은 학기가 끝나면 꼭 나를 찾아와서 이런 질문을 합니다.

"교수님, 저를 한 학기 동안 봐 오지 않으셨습니까? 교수님이 보셨을 때 제게 부족한 점이나 약점이 있다면 얘기 좀 해 주세요."

정말 특별한 학생들이죠. 제가 보기엔 정말 만족스러운데도 불구하고 자기의 부족함을 찾아서 더 성장하기를 원하죠. 자신보다 나은 사람을 찾아가서 겸손하게 얘기를 듣는 것을 부끄러워하지 않는 학생들이라 바쁜 시간을 쪼개서 저를 찾아오는 것입니다. 그런 노력이 가상해서 최대한 시간을 내어 제 생각을 말해 주곤 합니다. 그러면 학생들은 제 말을 진심으로 소중하게 받아들이고 감사해 하면서 방학 내내 자신의 부족한 점을 고치기 위해서 노력합니다.

이 학생들이 자기의 부족한 점을 스스럼없이 물어볼 수 있다는 것은 역설적으로 자존감이 굉장히 높다는 것을 말해 줍니다. 참 놀라운 사실이죠? 누가 자신의 부족한 점 열 가지를 말해도 그 말에 흔들리지 않을 만큼 정체성이 뚜렷하고 자기 가치를 높이 평가하는 학생들만이 저를 찾아와 자신의 약점에 대해서 듣고자 합니다.

다른 사람이 내 약점을 이야기하면 대개 상처를 받습니다. 자존심이 상하기 때문입니다. 그런데 그것은 그만큼 자존감이 낮다는 뜻입니다. 자기 자신에게 확신이 없고 불안한 것이죠. 이런 상태에서 누군가로부터 계속 안 좋은 점에 대해서 지적을 받으면 완전히 콤플렉스가 되어 심한 경우에는 좌절하기도 합니다.

교사나 학생이나 되도록 자기 약점이 드러나지 않도록 가리려고 노력하는데 이것은 모두 자존감의 차이에서 나오는 것입니다.

자존감(self-esteem)은 자신에 대한 긍정적인 마인드입니다. 상황에 따라 변하지 않는 자신에 대한 믿음이고, 실패와 성공을 객관적으로 받아들일 수 있는 능력입니다. 나의 가치에 대한 긍정적인 신념이며 자신에 대한 신뢰입니다. 스스로 자신을 인정할 줄도 알고 용서할 줄도 알며 실패와 어려움 속에서도 포기하지 않고 자아 발전을 위해 꾸준한 노력을 투자하는 힘이 자존감입니다. 저는 이것을 어려움을 털고 일어날 수 있게 하는 오뚝이의 힘이라고 표현합니다. 자존감은 신체상, 자아상, 공감 능력, 리더십 그리고 성취도에 영향력을 미친다는 연구 결과가 있습니다.

## 자존감이 높은 학생의 특징

**자존감이 높으면 자신과 신체에 대한 만족도가 높습니다.** 자존감이 낮은 아이들은 예를 들어, "야, 너는 옷이 그게 뭐냐?"라는 말을 들으면 그 옷을 두 번 다시 안 입어요. 또 그런 소리를 들을까 봐 못 입는 것입니다. 반면에 자존감이 높은 아이들은 자신에 대한 만족도가 굉장히 높아서 "나만의 개성이야" 하고 넘어갑니다. 외부적인 것에 큰 영향을 받지 않습니다.

**자존감이 높으면 학업과 일에 대한 만족감도 대체로 높습니다.** 이것은 성적이 좋고 시험을 잘 본다는 게 아닙니다. 그냥 배우는 게 좋고 만족감이 높은 거예요. 자존감이 낮은 학생들은 하버드대까지 와서 자신뿐만 아니라 주변 사람들도 피곤하게 합니다. 채점을 하면 0.5점 때문에 따지러 옵니다. 그 학생에게는 무엇보다 점수가 중요하기 때문입니다. 과정보다는 성과라는 기준으로 움직입니다. 왜 그렇게 성적에 목숨을 걸까요? 이 학생에게는 자신의 가치가 성적에 있기 때문입니다. 성적이 떨어지면 당장 자신의 가치도 떨어진다고 믿는 것입니다.

그런데 이 학생들이 성적에 연연하는 게 타고난 것일까요? 아닐 것입니다. 어린 시절의 흑백논리에서부터 시작된 것입니다. 잘했을 때 "아주 훌륭한 딸" 못하면 "넌 내 딸이 아니야"라는 부모의 말과 피드백에서 이런 사고방식이 자라난 것입니다. 학교에서도 마찬가지예요. 성적이 떨어진 학생에게 "선생님이 너를 굉장히 좋아했는데 다시 생각해 봐야겠다" 하고 말하면 그 학생에게는 성적이 매우 중요한 기준이 되고, 선생님과 성적에 대한 증오와 분노가 함께 커지게 마련입니다. 혹시 무심코 던진 눈빛이나 말을 통해서 학생들의 자존감을 짓밟고 있지는 않은지 점검해 봐야 할 것입니다.

자존감이 높은 학생들은 자신이 이룬 성과를 긍정적인 눈으로 바라보고 자랑스러워합니다. "나는 최고"라는 착각에 빠지기 때문이 아닙니다. "노력한 만큼 결과가 나왔네" 아니면 "기대했던 것보다 점수가 좋네. 왜지?" 하고 그 방법을 계속 발전시킵니다. 아니면 "기대했던 것보다 점수가 낮네. 왜일까?" 하고 원인을 찾습니다. 근본적인 문제들을 파는 것이죠. 자기가 한 것은 인정하지 않고 무조건 좋은 결과에만 집착하는 아이들과는 다릅니다. 일단 결과를 받아들이지만 결과로 비관하거나 상처를 받거나 남을 원망하지는 않습니다.

학생들 중에 무엇을 물어도 답이 똑같은 학생들이 있습니다. 늘 "몰라요. 상관없어요" 하고 대답합니다. 왜 이런 습관이 생겼을까요? 자기 답이 틀릴까 봐, 실수할까 봐 아예 관심이 없다고 둘러대는 것입니다.

심지어는 엄청나게 관심이 가는 것에 대해서도 그렇게 대답합니다. 자신이 없기 때문이기도 하고 자기가 틀렸다는 것을 드러내길 두려워하기 때문이지요. 한마디로 실패를 두려워하는 것입니다.

완벽주의는 사람을 산 채로 잡아먹는 괴물과도 같습니다. 완벽주의인데 자존감이 낮으면 노력을 안 하려고 합니다. 생각해 보세요. 열심히 노력했는데, 결과가 별로 좋지 않으면 받아들이기가 쉽지 않잖아요. 그러니까 실패를 피하기 위해 아예 아무 노력도 하지 않는 것입니다. 그래서 이 아이들은 "제가 2주 동안 열심히 공부했는데 B가 나왔어요"라고 말하는 대신에 "제가 다른 일이 많아서 공부를 2시간밖에 못했어요. 그래서 B가 나왔어요"라고 대답하는 경향이 있습니다. 완벽주의의 전형적인 특징이죠. 자신의 모자람을 합리화시키는 것입니다.

큰 시험을 앞두고 너무 긴장한 나머지 화장실을 들락거리는 일이 종종 있지요. 긴장은 자연스러운 감정이고, 큰일을 앞두고 어느 정도 긴장을 느껴야 최고의 성과를 보일 수 있습니다. 하지만 긴장이 지나치게 높으면 4F 상태를 겪게 됩니다.

Fright(공포) 겁에 질려 버립니다.
Flight(도망) 그 자리를 어떻게 해서라도 피하려고 합니다.
Fight(전투) 신경이 날카로워지니까 싸울 태세를 합니다.
Freeze(동결) 갑자기 마비 상태가 되어 머리가 백지상태가 되고
　　　　　　잘 알던 내용도 기억을 못합니다. 심한 경우에는 자

기 이름조차 기억하지 못합니다.

**자존감이 높은 학생은 대부분의 일을 스스로 해결하려고 합니다.** 할 수 있다는 생각이 뚜렷하기 때문에 뭐든지 해 보는 거예요. 당분간은 점수가 안 나올 수 있지만 배워 가는 과정 자체를 소중하게 여깁니다. 나중의 만족감을 위해 현재의 과정을 충실히 하는 것이 자존감이 높은 학생들의 태도입니다.

그런데 자존감이 낮은 학생은 누군가를 찾아요. 진드기처럼 붙어서 의존할 수 있는 대상을 찾는 것입니다. 아주 사소한 것도 계속 선생님의 의견을 물으면서 가려고 합니다. 그렇게 자신이 틀리지 않고 바로 가고 있다는 것을 확인해 줄 대상이 필요합니다. 속사람이 빈약하기 때문에 외부적으로 받는 칭찬과 확신이 더욱 필요합니다.

**자존감이 높은 학생은 누가 말하지 않아도 지금 하고 있는 일에 대한 책임감이 강합니다.** 그래서 무슨 일이든 열심히 합니다.

반면에 자존감이 낮은 학생들은 자신을 무기력한 존재라고 느끼기 때문에 할 수 있는 게 없다고 생각합니다. 그래서 이런 학생들을 대상으로 미술 치료를 해 보면, 특히 한국 아이들의 경우 자기 몸의 팔다리를 그리지 않는 경우가 많습니다. 다른 사람의 팔다리는 섬세하게 그리면서도 정작 자기 자신은 그리지 않습니다. 여기에는 두 가지 뜻이 숨어 있습니다. 하나는 팔다리가 별로 필요 없다는 것입니다. 부모가 다 해 주기 때문입니다. 또 한편으로는 부모님들의 전권 행사로 자기 뜻대로 할 수 있는 게 없다는 뜻으로 팔다리를 그리지 않는 것입니다. 자기 자신을 한없이 무력한 존재로 보는 것이지요.

**자존감이 높은 학생은 실패로 인한 좌절감을 견뎌 내는 힘도 강합니다.** 왜냐하면 실패가 전부가 아니라는 것을 알기 때문입니다. 그래서 실수하거나 실패해도 그것을 솔직하게 인정합니다. 필요할 때는 도움을 청할 줄도 압니다. 남에게 도움을 청한다고 해서 자신이 약하다거나 바보 같은 아이가 아니라는 것을 알기 때문입니다. 도움을 요청하는 데는 큰 용기가 필요합니다. 그래서 도움을 요청하는 사람들은 실은 정말 강한 사람들인 것입니다.

이들은 실패를 통해 뭔가 배우기를 원합니다. 이렇게 했을 때 실패했으니까 다음엔 다른 방법을 찾아가기를 즐깁니다. 실패를 통해서 또 다른 배움의 길을 찾아내는 것입니다. 그래서 실패의 경험에 대해 자유롭게 이야기할 수 있습니다.

그런데 자존감이 낮은 학생은 한 번의 실패 때문에 주저앉습니다. 자신의 약점을 숨기고 자기가 잘못했을 때도 계속 남을 탓합니다. "저 사람 때문에 실패했습니다. 나는 최선을 다했는데 운이 나빴죠. 저렇게 형편없는 사람을 만났으니까요"라고 말하면서 자신의 잘못을 인정하지 않습니다.

교사인 당신은 어떤가요? 학교에서 시험을 한번 치를 때마다 신경이 곤두서고 몸살이 나지 않습니까? 우리 반 평균 성적과 다른 반 평균 성적을 비교하면서 그것 때문에 자신과 학생들을 대하는 태도나 시선이 변하지 않습니까?

자기 반과 다른 반을 비교하는 데 집착하는 교사가 있습니다. 그에 게 교사의 자부심은 반 성적에 달려 있습니다. 다른 반보다 평균이 낮으면 좋은 교사가 아닌 것입니다. 더 심한 교사는 학생들에게 이렇게 얘기하기도 합니다.

"옆 반보다는 평균 성적이 높아야 해."

정말 심각한 상황입니다. 이런 교사는 자신의 자존심을 위해서 아이들의 시험 성적을 신경 쓰기 이전에 자존감부터 먼저 돌아봐야 합니다.

**자존감이 높은 학생은 새로운 일에 열정을 가지고 도전합니다.** 새로운 일이 생기면 가슴이 두근거리고 신이 납니다. 빨리 해보고 싶어서 발을 동동 구릅니다. 그런데 자존감이 낮은 학생은 뭔가 새로운 일이 생기면 불안해합니다. 시작도 하기 전에 실패할까 봐 염려하며 주변의 시선을 먼저 의식합니다.

성적에 관한 재미있는 연구 결과가 있습니다. 같은 학급의 아이들을 두 그룹으로 나누었습니다. 그리고 두 그룹에게 같은 과제를 주었어요. 단, A그룹 학생들에게는 채점을 하겠다고 말하고 B그룹 학생들에게는 채점을 하지 않을 테니 과정 자체를 즐기라고 말했습니다. 두 그룹 모두 과제를 잘 해냈습니다. 두 번째로 더 어려운 도전적인 과제를 주었을 때 아이들 반응이 어땠을까요? A그룹은 하기 싫다는 반응을 보였습니다. 자기가 실패할까 봐, 잘 해내지 못할까 봐 두려웠던 것입니다. 반면 채점을 신경 쓰지 않아도 됐던 B그룹 아이들은 전혀 다른 반응을 보였습니다. 어려운 과제라고 하니까 더 재미있을 것 같다고 기대하면서 적극적으로 임했습니다. A그룹은 점수와 성적을 위해 공부하는 것이고, B그룹은 과정을 즐겼던 것입니다.

학교에서 평가를 무시할 수는 없지요. 하지만 성적만큼 과정도 중요하다는 것을 일깨워 주고, 과정에 흥미를 느끼도록 배려해야 합니다. 꼭 평가하지 않아도 되는 분야에서는 채점을 하지 않음으로써 학생들이 배움 자체를 즐길 수 있도록 배려하는 것이 필요합니다.


**자존감이 높은 학생들은 자신의 판단을 중요하게 여깁니다.** 남을 무시한다는 것이 아니라 남들에게 조언을 받은 다음에 최종 결정은 자기가 한다는 뜻입니다.

제게 열 살 아래의 남동생이 있는데, 자존감이 상당히 높습니다. 부모님이 동생을 그렇게 키우셨기 때문입니다. 동생은 유치원 때부터 무슨 문제가 있으면 가족회의를 열곤 했습니다. 그러면 저와 오빠는 막내의 말을 열심히 들어주었습니다. 한번은 캠프를 갈지 말지를 두고 회의를 열었어요. 가족들의 의견을 모두 들어 본 다음에 최종적으로 자기가 결정을 내리는 것입니다. 어릴 때부터 그러더니 지금도 똑같이 그렇게 합니다. 무슨 문제가 생기면 동생한테서 전화가 와요. 그리고 최종 결정은 자기가 내리지요. 제 남동생이 그럴 수 있는 것은, 어린 시절부터 그렇게 할 수 있는 연습 공간이 있었기 때문입니다.

어른들이 문제를 대신 해결하거나 결정하는 것보다 학생 스스로가 결정할 수 있도록 기회를 주는 것이 중요합니다. 반에 어려운 과제가 있습니까? 문제가 발생합니까? 학생들에게 해결할 수 있도록 기회를 주세요. 그리고 옆에서 그 과정을 살피고 지지해 주세요. 조언도 하되 "내가 시키는 대로 이렇게 하라"고 지시하지는 마세요.

자존감이 낮은 학생은 다른 사람의 판단이 매우 중요하기 때문에 항상 남을 의식하고 다른 사람이 하는 대로 자기도 하려고 합니다. 그런데 평생 이렇게 살려면 얼마나 힘들고 피곤하겠어요? 자기가 원하는 게 있어도 못하잖아요. 남의 눈치만 보다가 인생을 허비했다는 사실을 뒤늦게 깨닫게 될 것입니다.

캔 정(Ken Jeong)이라는 한국계 코미디언이 있습니다. 미국에서 코미디언과 영화배우로 활발히 활동하고 있는 분인데, 본업이 의사였어요. 코미디언과 의사를 겸업하다가 결국 의사를 포기하고 자기가 좋아하는 코미디언의 길을 선택한 것입니다. 그런데 이분이 왜 의대를 간 줄 아세요? 어른들 때문이었습니다. 자기가 좋아하고 잘하는 코미디를 조금 더 일찍 할 수 있었더라면 얼마나 더 행복하고 성공적인 삶을 살았을까 생각해 봅니다.

**자존감이 높은 학생들은 유머 감각이 있습니다.** 이런 사람은 실수를 해도 웃을 수 있는 여유가 있습니다. 이 유머 감각은 아이가 실수를 했을 때 주변에 있는 어른들이 어떻게 반응하느냐에 따라 형성이 됩니다. 예를 들어서 우유를 마시다가 흘렸을 때, 부모가 "또 흘렸어. 내가 조심하라고 했지? 어휴, 바빠 죽겠는데, 언제 치우고 있어. 정말 너 때문에 내가 못살아" 하고 말했다면 아이가 어떻게 웃을 수 있겠어요?

이렇게 자란 아이들은 실수에 민감하고 자신에 대해서 부정적이 되기 쉽습니다. 그래서 비협조적이고 쉽게 짜증을 내요. 왜 그렇게 짜증을 낼까요? 매사에 짜증을 내고 부정적으로 사람들은 사실 자기 자신이 가장 불만족스럽기 때문에 그러는 것입니다. 아무리 누가 옆에서 즐겁게 해 주어도 즐거워하지 않습니다. 근본적인 문제가 자기 속에 있기 때문이죠.

이렇게 성장한 아이들은 무슨 일에든 지나치게 민감하고, 스트레스를 늘 껴안고 살아요. 톡 건드리면 금세 터질 것 같은 그런 아이들이죠. 이런 아이들은 부정적인 자기 암시를 자주 합니다.

"너는 해 봤자 안 돼. 뭐하러 노력하니? 어차피 안 될 텐데…. 아무리 해 봤자 좋은 결과가 없을 거야."

계속해서 이런 생각을 반복하죠. 자기 자신을 아프게 하는 습관이 생깁니다.

반면에 부모가 우유를 흘린 아이에게 다가와 당황해하는 아이를 토닥여 주고 "괜찮아. 그럴 수도 있지 뭐"라고 하거나 그냥 웃어넘기면서 "나도 아까 그랬단다" 하고 닦아 준다면, 예상 못한 상황으로 스트레스를 느낄 수도 있었던 아이가 이내 다시 평안한 상태로 돌아갑니다. 그렇게 긍정적인 태도와 격려를 많이 경험한 아이는 어지간한 실수를 해도 당황하지 않고 유머있게 넘어가는 여유를 갖게 되지요. 그리고 삶에 대한 태도가 긍정적이기 때문에 긍정적인 자기 독백을 자주 하곤 합니다.

"누구나 실수할 수 있어. 다음에 이렇게 하면 더 잘할 수 있을 거야. 넌 할 수 있어."


자존감은 아이들에게 가장 중요한 키워드입니다. 자존감은 가정교육에서도 중요한 개념이지만 8세 이후, 즉 아이들이 학교생활을 시작한 이후에는 학교의 키워드가 되어야 합니다. 그런데 교사가 알아야 할 것은 학교에서 아이들이 자존감을 공격당하고 빼앗기는 상황을 예방해 주지 못한다면 아이들은 더 이상 갈 곳이 없다는 사실입니다. 실제로 아이들은 가족과 같이 있는 시간보다 선생님이나 친구들과 있는 시간이 훨씬 많습니다.

선생님이 맡은 반 학생들을 한번 떠올려 볼까요? 한 사람 한 사람 떠올리면서 그 아이의 자존감이 높은지, 낮은지 생각해 보십시오. 대부분 낮다는 생각이 들 것입니다. 그렇다면 어떤 면에서 자존감이 가장 낮다고 생각되나요? 양상이 다양할 것입니다. 시험 결과에 목숨을 걸거나 계속 확인받으려고 하거나 아무리 칭찬을 해 줘도 받아들이지 않거나 누가 볼까 봐 노트와 교과서를 숨기기도 할 것입니다.

이번에는 가슴에 손을 얹고 다시 생각해 보기 바랍니다. 나는 어떤 교사입니까? 나는 학생들의 자존감을 살리는 교사입니까? 혹시 별 생각 없이 던진 말 때문에 학생의 자존감에 상처를 준 적은 없는지, 학생들은 내 앞에서 실수를 편하게 할 수 있는지 생각해 보십시오. 학생들이 내 앞에서 실수했을 때 내 반응은 어땠는지, 내 앞에서 학생이 심하게 경직된 적은 없는지, 반 아이들을 이용해 내 자존심을 세우려고 하지는 않았는지, 교사로서 성적에만 집중하지는 않았는지 점검해 보십시오. 문제가 생겼을 때 귀찮으니까 교사인 내가 쉽게 해결해 버리지는 않았는지, 아니면 학생들이 스스로 문제를 해결할 수 있도록 기회를 주었는지 생각해 보세요. 당신은 어떤 교사입니까?

이것을 꼭 기억하십시오. 당신도, 학생도 인격체(human being)이지 부속품(human doing)이 아니라는 사실을! 잘못하면 인격체가 되어야 하는 아이들을 성적과 성취의 결과물로 만들어 버릴 수 있습니다. 누구라도 부속품 취급을 당하면 자존감이 추락하게 되어 있습니다.

# 05

## 자존감
## vs 자존심, 자부심, 자기애

　자존감과 비슷한 것 같으면서도 다른 개념들이 몇 가지 있습니다. 자존감을 키우려고 한 건데 엉뚱하게 자존심만 키우고 있을 수도 있죠. 자존감은 오뚝이의 힘, 즉 자기 자신을 존중하는 힘이요, 자신이 사랑스러운 사람이라는 믿음이며, 언제나 새로운 도전을 할 수 있다는 믿음입니다. 이렇게 자신에 대한 긍정과 신뢰를 갖고 상황에 요동하지 않고 한결같이 자신을 존중하는 것이 자존감입니다.

　그럼 **자존심**(hubristic price)은 무엇일까요? "너는 존심도 없니?" 이런 말을 들어본 적이 있을 것입니다. 이때 아이들이 "그래, 난 존심이 없어" 하고 대답했으면 좋겠습니다. 왜냐하면 자존심은 자존감과 반대 개

넘이라고 할 수 있거든요. 자존심에는 열등감이 포함되어 있습니다. 선생님도 누가 나보다 더 예쁘고, 더 똑똑하고, 능력이 좋다는 걸 의식하시죠? 학생들도 똑같습니다. 우리는 만능으로 모든 것을 잘할 수 없고, 최고로 예쁠 수도 없습니다. 그런데 학생들에게 이러한 것들을 요구하면 그들은 자존감이 아니라 자존심을 내세울 수밖에 없어요. 자존심은 남과 비교해서 자신이 더 훌륭할 때 느끼는 것입니다.

누군가와 비교당하는 게 얼마나 기분 나쁜 일인지는 잘 아시죠? 우리도 한번쯤은 다 겪어 본 일입니다. 제 오빠는 수학을 정말 잘합니다. 그런데 저는 숫자만 보면 무슨 외국어를 보는 것 같아요. 만약에 부모님이 우리를 비교하셨다면 저는 오빠에게 엄청난 열등감을 느꼈을 거예요. 그런데 부모님은 우리 둘 다 이기는 윈윈(win-win) 전략을 사용하셨습니다. "오빠는 수학을 잘하고 넌 글쓰기를 참 잘하는구나" 하고 말입니다.

우리의 비교 방식에는 잔인한 습관이 있습니다. 한 명에게 왕관을 씌워 주고, 다른 한 명은 패배자로 만들어 시궁창에 처박는 것입니다.

"얘는 이렇게 했는데 너는 왜 안 돼? 네 누나 반만 닮아 봐."

이렇게 비교를 당하면 자존감이 아닌 자존심만 남아서 반감이 생깁니다. 상황이 심각하면 이것이 상처가 되고 심지어 원한이 되기도 합니다. 그러니 절대 위와 같은 방식으로 아이들을 비교해선 안 됩니다.

만약 교장선생님이 "김 선생님 반은 이렇게 잘했는데 박 선생님 반은 왜 그게 안 될까?"라고 비교했다면 자존감도 떨어지겠지만 그보다는 당장 자존심이 상해서 견디기가 힘들 것입니다. 자존감에 비해 자존심은 감정적인 면이 좀 더 강합니다.

이제 자부심을 알아볼까요? **자부심**(authentic price)은 무언가를 성취했을 때 느끼는 감정입니다. 자부심은 자존심과 다릅니다. 내가 성취한 것에 대해서 자랑, 자긍, 긍지를 느끼는 거예요. 그런데 자부심은 그리 오래가지 않습니다. 다음에 오는 과제는 실패할 수도 있거든요. 자부심은 상황에 따라서 변합니다. 일시적인 현상에 의해 생기는 감정이니만큼 생명도 짧습니다. 1등을 했을 때 자부심을 느끼고 3, 4등을 하면 자부심이 확 떨어지는 거죠. 요동하지 않는 자존감과는 큰 차이가 있습니다.

그럼, 이 세 가지를 이해하기 쉽게 비교해 볼까요? 자존심은 내가 우리 반에서 제일 똑똑하다고 여기는 것입니다. 비교를 통해 얻은 감정이죠. 이때 자존감은 있는 그대로의 내가 참 괜찮다라고 느끼는 것입니다. 미술 대회에서 1등을 해서 느끼는 건 자부심입니다. 하지만 다음에 2등을 하면 자부심은 사라지죠. 상황에 따라 변하는 게 자부심입니다. 이때의 자존감은 결과에 대해 승복하고 수고한 자신을 격려하며 자신의 부족함과 장점을 살려 다음을 바라보는 것입니다.

우리는 자존감을 키워 주는 교사가 되어야 합니다.

## 자기밖에 모르는 자기애

자존심, 자부심 외에도 혼동을 줄 수 있는 개념이 하나 더 있는데 바로 **나르시시즘**(narcissism), **즉 자기애**입니다. 다음 그림을 보면 재미있습니다. 배 나온 중년이 거울을 보고 있는데, 거울 속에 비친 모습은 건장한 청년입니다.

이것을 좋게 해석하면, "내가 아무리 약하고 약점이 있어도 이렇게 될 수 있다"라고 할 수 있겠지만 사실 엄밀히 말하자면 중년의 착각에 지나지 않는 거죠. 중년이 청년이 될 수는 없으니 말입니다. 이 중년은 현실을 무시하고 자신의 꿈속에 살고 있는 것입니다. 나르시시즘에 빠지면 자신의 진짜 모습을 냉정하게 볼 수 없게 됩니다. 잊고 싶어 하다

가 정말 잊어버리게 되기 때문입니다. 거짓 정보를 머릿속에 집어넣어서 혼란이 오는 겁니다.

그런데 요즘 학생들에게 이 자기애가 매우 심각합니다. 왜냐하면 부모들이 자존감을 키워 낸다고 하면서 정작 나르시시즘을 키워 준 경우가 상당히

많기 때문입니다. 예를 들어, 숙제를 할 때 부모가 80%를 하고 나서 나머지 20%를 아이가 하도록 해 놓고 "네가 이걸 다 했어" 하고 칭찬한다면 아이는 자기가 하지 않았는데도 했다고 착각하게 됩니다.

자기애에 빠진 아이들은 자기밖에 모르고 타인에 대해서는 극히 냉담할 뿐 아니라 무시하기까지 합니다. 그뿐 아니라 자기는 사자라고 생각하는데 다른 사람들이 고양이 취급을 하면 좌절하고 나아가 거세게 공격하기도 합니다. 이런 아이들이 왕따 가해자가 되는 경우가 많습니다. 학교에서 폭력을 쓰는 학생들을 조사해 보면 낮은 자존감이 문제가 아니라 나르시시즘이 강한 것이 문제였습니다. "난 대단한 사람인데, 나를 인정해 주지 않아" 하고 화를 내며 폭력을 쓰는 것입니다. 그래서 나르시시즘은 매우 위험한 감정입니다. 자기중심적이고 타인에 대한 배려나 동정이 없습니다. 공감 능력이 치명적으로 떨어지는 학생들입니다.

초등학교 고학년인 자녀가 공부하느라 바쁘다고 뒤따라 다니면서 밥을 먹이는 어머니가 바로 나르시시즘을 키워 주는 것입니다. "나는 이런 대접을 받는 사람이야. 대단한 부모가 모든 걸 다 걸고 시중을 들어줄 만큼"이란 착각을 심어 주는 것입니다. 교육열의 아주 치명적인 단면이죠. 자녀의 미래를 위해, 자녀에게 더 많은 기회를 주기 위해 희생한 어머니들의 상당수가 실제로는 나르시시즘이 강한 아이를 만들어 온 것입니다.

교사나 어머니가 결과만 칭찬했을 때에도 나르시시즘이 생깁니다.

한 유치원생이 나무를 열심히 그렸어요. 선생님이 아이에게 "와, 선생님이 본 나무 중에 최고로 잘 그렸어"라고 거짓말을 합니다. 그러면 아이는 자기가 그린 나무가 최고라고 믿게 됩니다. 그런데 옆의 아이가 나보다 더 근사하게 그린 것입니다. 아이는 곧 좌절을 합니다.

부모가 만들어 준 아이의 화려한 스펙, 그건 다 거품입니다. 거품의 속성이 무엇입니까? 금세 녹아서 사라진다는 것입니다. 아이가 들인 노력과 가치를 정확하게 알도록 해 주는 것과 근거 있는 칭찬을 해 주는 것이 매우 중요합니다.

한국 아이들은 커닝을 잘하기로 유명합니다. 왜 그럴까요? 나쁜 아이라서가 아니고 게을러서도 아닙니다. 성적에 민감한 탓에 그저 좋은 결과를 내기 위해서 수단과 방법을 가리지 않는 것뿐입니다. 결과에 비해 도덕적 기준이나 양심의 가책이 상대적으로 약하기 때문입니다.

한번은 외국인학교에서 강연 초대를 받아 갔는데, 외국인 교사가 심각한 표정으로 나를 찾아왔습니다. 한국 아이가 커닝하는 걸 본 것입니다. 우리나라는 정(情) 문화이기 때문에 한 번쯤은 눈감고 용서해 주기도 합니다. 그러나 미국에서는 절대 그냥 넘어가는 일이 없습니다. 도덕적인 성품을 매우 중시하기 때문입니다. 그 교사는 아이의 성장 과정에서 중요한 덕목 중 하나인 정직 문제 때문에 간과할 수 없어서 부모에게 면담을 요청했다고 합니다. 그런데 부모의 반응이 뜻밖이었습니다.

"그만한 일로 바쁜 사람을 불러낸 건가요? 그냥 못 본 척 넘어가 주면 누이 좋고 매부 좋게 끝낼 일을…. 그렇게 해서라도 아이가 좋은 대학에 들어갈 수 있다면 좋은 것 아니에요?"

과정은 무시한 채 결과만 중시하면 아이들은 나르시시즘에 빠지고 자존심이 세지는 반면에 자존감은 상대적으로 계속 추락할 수밖에 없다는 사실을 반드시 기억해야 합니다.

자존감이 높은 건강한 사람을 키워 내려면 학교와 가정과 사회 공동체가 다 같이 노력해야 합니다. 그런데 안타깝게도 한국 부모들은 아웃소싱을 너무 잘하는 것 같습니다. 수학을 가르치는 게 어려우면 학원이나 과외 선생님에게 자녀를 맡겨 버립니다. 요즘은 인성 교육이나 독서까지도 학원에서 챙겨 준다지요. 부모로서 할 일을 안 하고 다른 사람에게 맡겨 버리면 그만큼 자녀에게는 해가 될 뿐입니다.

자녀에게 필요한 것은 지식 습득만이 아닙니다. 8세 이전에는 부모가 직접 자녀의 자존감 형성에 신경을 써야 합니다. 그때까지 아이에게는 보호자가 절대적인 세계이기 때문입니다. 그러나 8세가 되어 학교에 입학하고 나면 그때부터는 학교와 부모가 함께 책임을 지고 양육해야 합니다. 이 사실을 부모는 물론 학교 선생님도 꼭 기억하셔야 합니다.

# 06
## 나이별
## 자존감 형성 단계

　"에릭슨의 심리사회적 발달 단계"를 통해 자존감 형성 과정을 살펴보겠습니다. 이 발달 단계는 영유아기부터 성인기에 이르기까지 각 나이별로 성격 발달에 미치는 영향을 고려한 이론입니다. 사람은 성장 단계마다 외부 요인에 따라 두 가지 중 한 가지를 성격에 더하게 되는데 어느 것을 자기 것으로 삼느냐에 따라 자존감이 높아지거나 낮아질 수 있습니다.

## 0~18개월 : 신뢰 vs 불신(trust vs. mistrust)

이 시기의 영유아는 신뢰 혹은 불신, 둘 중에 한 가지를 체득하게 됩니다. 아기는 주변의 어른들을 통해 거울에 비친 자신을 봅니다. 즉 자기 눈에 보이는 대상들을 통해서 자신과 타인에 대한 신뢰와 불신을 배웁니다.

갓난아기가 울음을 터뜨립니다. 아기가 우는 데는 이유가 있습니다. 인생의 목표가 생존 딱 한 가지이기 때문입니다. 생존하기 위해 필요한 것을 얻기 위해 우는 것입니다.

그런데 부모가 피곤한 탓에, 또는 아기가 습관을 잘못 들일까 봐 매번 들여다보지 않고 이따금씩 외면하기도 합니다. 그래야 한다고 주장하는 사람들도 있습니다. 하지만 아기는 혼란을 겪습니다. '난 필요할 때마다 우는데 엄마는 올 때도 있고 안 올 때도 있다. 엄마가 언제 오고 언제 안 오는지 모르겠다'고 생각하면서 혼란스러워합니다. 주변 어른들을 믿지 못하는 만큼 자기 자신도 믿지 못하게 됩니다.

그런 상황이 반복되면 '아, 내가 아무리 울어도 오지 않는구나. 나는 돌볼 가치가 없는 하찮은 존재인가 보다'라고 생각하기에 이릅니다. 불신을 체득한 아기들은 그때부터 '세상은 믿을 수 없는 곳'이라고 믿게 됩니다. 뿐만 아니라 엄마가 오긴 와도 늘 화난 얼굴로 귀찮아한다면 아기는 엄마라는 거울을 통해 자기를 보면서 '나는 엄마에게 불행을 가져오는 형편없는 존재구나' 하고 느낍니다.

이 시기의 자존감은 주변에 있는 보호자들과의 상호작용을 통해 형성됩니다. 자신의 필요에 일관된 반응을 보인 부모에게서 자란 아기는 신뢰를 체득하고, 보호자와의 애착 관계가 탄탄할수록 자존감 또한 탄탄하게 형성됩니다.


## 2~4세 : 자율성 vs 수치심(autonomy vs. shame)

자율성과 수치심 중에 한 가지를 배우는 시기입니다. 이 시기의 아이들은 유난히 자율성을 보이고 싶어 하고 자기 의지대로 뭔가를 하려고 합니다. 기저귀 차는 것도 싫어하고, 기를 쓰고 일어나 스스로 걸으려고 하며, 자기 손으로 음식을 먹고 싶어 합니다.

저는 29개월 된 아들에게 밥을 먹일 때마다 마음을 비워야 합니다. 안 그러면 전쟁을 치르게 될 테니까요. 밥을 먹일 때마다 엄마로서 결정을 해야 합니다. 제가 편한 대로 먹일 것인지, 아니면 아이가 자율성을 배우도록 인내심을 갖고 기회를 줘야 할지를 선택해야 합니다. 이성적으로는 당연히 후자를 선택해야 하지만 상황에 따라 아이의 자율성 습득은 무시되기도 합니다.

어른은 어떻게 해서든 손쉬운 방법으로 아이에게 밥을 먹이려고 합니다. 숟가락으로 깔끔하게 떠 먹여야 청소나 빨래거리를 줄일 수 있고, 얼굴에 음식을 묻히지 않아 씻길 필요도 없고 얼마나 경제적이며 친환경적입니까? 그런데 아이는 절대로 순순히 굴지 않습니다. 혼자서 먹겠다고 버티다가 얼굴이며 식탁이며 온통 음식물 찌꺼기로 뒤덮고 말지요.

자율성을 배운 아이들이 당연히 자존감도 훨씬 높습니다. 비록 얼굴과 온몸에 음식물을 묻히고 입속에 들어가는 것은 얼마 되지 않는다고 해도 아이는 엄청난 성취감을 경험하기 때문입니다. 스스로 이뤄 낸 것에 만족해 하며 대견해 합니다.

반면에 아이가 기분 좋게 먹고 있는데도 옷에 흘린 음식물을 닦으며 "이것 봐. 옷에 흘렸잖아. 이렇게 하지 말라고 했지. 네가 옷에 흘리면 엄마가 또 빨아야 되잖아" 하고 지적하고 나무란다면 아이는 자신의 행동에 대해 수치심을 느끼게 됩니다. 그리고 자기는 밥을 스스로 먹을 줄도 모르는 아이라고 여기고 좌절합니다. 혼자서 뭔가를 해 보려고 하는데 주변에 있는 어른들이 "어린 게 뭘 알아? 그냥 해 주는 대로 얌전히 있어" 하고 무시해 버린다면 수치심이 성격을 형성하게 됩니다. 수치심은 무기력으로 연결되어 아이가 팔다리가 없는 자화상을 그리게 되는 것입니다. 뿐만 아니라 스스로 할 기회를 주지 않은 보호자에 대해 증오심을 갖게 됩니다.

## 5~7세 : 주도성 vs 죄책감(initiative vs. guilt)

이 시기의 아이는 주도성과 죄책감 중에 한 가지를 체득하게 됩니다. 주도적으로 뭔가 해 보려는 성향을 뚜렷이 보입니다. 예를 들어, 장난감 전화로 할머니 할아버지께 전화를 걸거나 엄마의 화장품을 발라 보기도 하고 인형을 가지고 역할 놀이를 하기도 합니다. 진취적인 기상이 왕성한 때라 놀이에서도 주도권을 쥐고 활동함으로써 자신의 책임의 한계를 가늠하고, 사회적 역할에 대한 인식을 갖게 됩니다. 이 과정에서 "왜?"라는 질문이 많아집니다.

"하늘은 왜 파랗죠?"

"왜 강아지는 새처럼 날지 못해요?"

"할머니는 있는데 왜 할아버지는 없어요?"

"수진이는 동생이 있는데 왜 나는 오빠가 있어요?"

어른에게는 매우 귀찮은 단계입니다. 그래서 아이가 충돌이 많아지는 단계이기도 합니다.

이때 아이의 질문을 무시하거나 인정하지 않으면 아이의 내면에 죄책감이 형성됩니다. 인형을 가지고 엄마 놀이를 하는데 옆에서 엄마가 "그렇게 하면 안 되지. 그러면 아가가 싫어해. 엄마가 아가한테 그러면 나쁜 엄마야" 하고 비판한다면 아이는 뭔가 잘못했다는 생각에 죄책감을 느낍니다. 아이가 새로운 놀이를 만들어서 같이 해 보자고 요청하는데도 부모가 계속 "안 돼, 지금은 바빠" 하고 거절한다면 아이는 스스로를 부모에게 가치 없는 존재로 여기게 됩니다. 이것 또한 죄책감의 영역에 들어갑니다. 제재를 많이 당한 아이일수록 자기 할 일을 스스로 하지 못합니다. 제재만 받다 보니 주도적인 추진력이 사그라지는 것입니다.

반면에 아이가 스스로 무엇인가 시작했지만 목적을 달성하지 못했을 때 부모가 "네가 열심히 하는 거 내가 다 봤어. 그렇게 계속하다 보면 언젠가 꼭 해낼 수 있을 거야!" 하고 격려하는 반응을 보인다면 아이는 새로운 계획을 계속 시도할 것입니다. 더불어 자존감도 점점 높아집니다.

아이가 주도적으로 계속 리더십을 획득하느냐, 아니면 죄책감에 싸여 경직되느냐는 부모의 반응에 달려 있습니다.


## 8~13세 : 근면성 vs 열등감(industry vs. inferiority)

이 시기에는 특히 학교의 역할이 절대적입니다. 아이는 근면성 혹은 열등감을 배우게 됩니다. 자기의 능력이 얼마나 되는지를 경험하는 시기입니다. 만약 끊임없이 좌절을 경험하게 되면 열등감이 생깁니다. 그래서 아이에게 희망을 심어 줄 필요가 있습니다. 어떻게 희망을 심을지 고민하는 분들이 많은데, 실은 굉장히 간단합니다. 실력보다 살짝 높은 수준의 목표, 즉 달성 가능한 목표를 세워 주는 것입니다. 그리고 긍정적이면서도 건설적인 피드백을 계속해 줍니다. 여기서 기억해야 할 것은 달성 불가능한 목표는 절망만 안길 뿐이고, 쉽게 포기하는 성격을 만든다는 것입니다. 따라서 어느 정도 노력하면 이룰 수 있는 목표를 설정하는 것이 중요합니다.

다른 친구들에게 폭력을 쓰거나 습관적으로 때리는 손버릇을 가진 아이가 있습니다. 그런 경우에는 목표를 세우고 주시하면서 피드백을 해 주는 것이 좋습니다.

"어제는 네가 네 번 때렸더라. 오늘은 세 번으로 줄여 보자."

이렇게 실현 가능한 작은 목표를 세우고, 그것을 이루었을 때 "야, 진짜로 해냈네. 대단해. 이 정도면 내일은 두 번으로 줄일 수 있겠어" 하고 칭찬하며 희망을 심어 줍니다. 아이는 목표 설정과 그것의 달성을 위한 노력 그리고 피드백을 통해 근면성을 얻는데, 이것은 다름 아닌 희망이 있기 때문에 가능한 것입니다. 자기도 뭔가를 이룰 수 있다는 희망과 그에 대한 기대가 아이를 변하게 하는 것이지요.

열등감은 아시다시피 속사람을 죽이는 고약한 병입니다. 실패의 경험이 없어야 열등감도 없는 게 아닙니다. 실패했을 때 교사에게 받은 평가와 반응이 아이에게 열등감을 줄 수도 있고 희망을 줄 수도 있습니다.

한국 문화에서는 아이를 통제할 때 다음에 더 잘하라는 의미로 죄책감과 수치심을 주는 것으로 심리적 통제(psychological control)를 하곤 합니다.

"이거 몇 번을 배운 건데 아직도 틀려?"

"네가 바깥에서 이런 식으로 행동하면 선생님 체면이 뭐가 되니?"

"다른 아이들은 다 하는 걸 넌 왜 못해?"

이런 말들로 아이를 심리적으로 통제하는 것입니다. 그러나 이것은 엄연한 감정적 학대입니다. 아이의 마음속에 열등감이 부글부글 끓게 만드는 말이란 뜻입니다. 자존감을 떨어뜨릴 뿐만 아니라 밟아 뭉개 버리는 것입니다.


## 14~20세 : 자아정체성 vs 역할 혼미(identity vs. role confusion)

이 시기는 자아정체성이 확립되는 시기이므로 대인 관계(social relationship), 특히 친구 관계가 매우 중요한 때입니다. 학교를 다닐 시기이므로 말할 것도 없이 학교의 역할이 매우 큽니다.

문제는 학교에서 자기가 누구인지 정체성을 찾고 대인 관계를 경험할 만한 여유가 없다는 것입니다. 그래서 학생들은 밖으로 나돌 수밖에 없습니다. 밤새 노래방에서 놀거나 그래도 해소가 안 되면 학교를 그만두고서라도 거리로 뛰쳐나갑니다. 그러다가 결국 어둠의 세계로 들어가기도 합니다. 가정과 학교에서 채워지지 않는 부분들을 거리에서라도 찾으려고 하기 때문입니다.

십대에 임신을 한 여학생들을 대상으로 조사해 보니, 흥미롭게도 한 가지 공통점을 발견했는데 하나같이 아버지와의 관계가 안 좋았다는 것입니다. 가정에서 아버지와의 감정적인 연결이 약하고 소통이 안 되는 여학생들이 아버지처럼 의지할 남자친구를 찾게 되고, 결국에는 임신까지 하게 되더라는 것입니다. 또 다른 특징으로는 또래 여학생들보다 성적으로 조숙하다는 조사 결과가 있습니다. 아직 일깨우면 안 되는 것들을 자꾸 자극하니까 신체가 반응을 보여 생기는 결과라고 합니다.

선생님은 자아정체성과 감정과 신체 발달이 모두 연결되어 있다는 사실을 꼭 기억해야 합니다. 건강한 정체성을 갖지 못하면 정신적, 감정적으로 혼란을 겪고 그것이 신체로까지 전달되기 때문입니다.

이런 상상을 한번 해 볼까요? 청소년들이 밖으로 돌지 않아도 안전한 학교 울타리 안에서 사회생활을 배울 수 있다면 어떨까요? 사회성 기술, 팀워크, 친밀감, 상호 존중, 문제해결 방법, 대화법, 공감 능력, 감정 표현 등을 학교에서 배울 수는 없을까요? 선생님인 당신과 내가 학생들과 서로 신뢰할 수 있는 따뜻하고 안전한 반 분위기를 만들 수는 없을까요?

선생님은 충분히 하실 수 있습니다. 누군가 자신을 사랑해 주고, 받아 주고, 인정해 주고, 또 어디엔가 속하고 싶은 바람을 모두 채워 줄 수 있는 곳이 바로 학교입니다. 수업 시간에 학생들끼리 팀을 짜서 서로 돕고 응원하며 함께 문제를 풀 수 있도록 이끌 수 있습니다. 조회, 종례 시간에 학생들이 서로에게 속마음을 털어놓을 수 있는 시간을 내줄 수 있습니다. 개개인이 따로따로 성공하는 것보다 함께 하나의 목표를 달성하도록 지지하는 과정 속에서 남을 배려하는 법을 배우고, 대인관계 형성에 필요한 사회성을 배울 수 있습니다. 학교야말로 안전하게 사회성을 배울 수 있는 가장 긍정적인 무대입니다.

# 07

# 학생의 미래는
# 자존감에서 시작된다

얼마 전에 택시를 탔는데 운전기사를 보고 깜짝 놀랐습니다. 알고 보니 나와 동갑인데 훨씬 젊어 보이는 거예요. 이렇게 젊어 보이는 기사님은 처음 뵙는다고 했더니 그분은 자신의 어린 시절 이야기를 들려주었습니다.

그는 어렸을 때부터 꿈이 택시 기사였다고 합니다. 부모님이 당구장을 운영하셨는데 택시 기사들이 많이 찾아왔답니다. 어린 소년의 눈에는 택시 기사가 제일 멋져 보였던 것이지요. 그래서 소년은 날마다 기사분들에게 구체적으로 하나씩 물으며 정보를 수집했습니다. 오랜 기간 동안 쌓은 정보를 통해 현명한 결정을 내렸고, 그렇게 해서 바라던 대로 택시 기사가 되었으니 세상에 남부러울 게 없었던 것입니다. 그러니 어린아이처럼 해맑고 행복한 사람이 될 수 있었습니다.

우리나라 대학생들의 전공에 대한 만족도가 상당히 떨어진다는 사실을 아십니까? 4년이란 결코 짧지 않은 시간을 투자해서 공부했는데 졸업하고 나서는 전공을 살리기가 싫다니, 얼마나 안타까운 일인가요? 그러고는 이제부터 뭘 해야 할지 모르겠다고 고개를 젓습니다. 대체 왜 이런 일이 생기는 걸까요?

학생들이 자기 자신을 발견할 수 있는 공간이 없기 때문입니다. 자신이 누구인지, 무엇을 좋아하고 무엇을 잘하는지 살펴보고 결정할 기회가 없었다는 뜻입니다. 사실, 진로 문제의 해결은 자기 자신을 얼마나 잘 아는가, 즉 자기 인식에서부터 출발해야 합니다. 이것은 고등학교 때부터 시작하면 이미 늦은 것입니다. 그렇다면 과연 진로에 대한 고민은 언제부터 시작하는 것이 좋을까요? 서너 살 때부터 시작하는 것이 좋습니다.

## "너는 어떤 사람이니?" 라고 질문하라

어린아이에게 장래 희망을 물으면 대개 자기에게 가장 익숙한 대상을 얘기합니다. 멋있는 군인을 만났을 때는 군인이 되고 싶고, 충치를 잘 치료해 주는 치과 의사를 만나면 치과 의사가 되고 싶은 것이 아이들입니다. 좋은 선생님을 만났다면 선생님이 되고 싶다고 하겠지요.

그런데 부모들은 아이의 꿈이 수시로 바뀐다고 화를 냅니다.

"아니, 언제는 의사가 되고 싶다고 하더니 이제는 아니래요. 왜 그렇게 자주 바뀌는지…. 우리 애가 어디 모자란 건 아닐까요?"

모자란 게 아닙니다. 장래 희망이 자주 바뀌는 게 자연스러운 것입니다. 그때그때 받는 영향에 따라 선망의 대상이 달라지게 마련입니다.

진로 상담을 영어로 'career development education'이라고 하는데, 여기에 왜 교육(education)이란 단어가 들어가는지 아십니까? 진로 상담은 오랜 시간을 두고 해야 하기 때문입니다. 그리고 학교에서 이루어지는 것이 가장 이상적이기 때문입니다.

일단은 학생이 자기 자신에 대해 잘 알 수 있도록 공간을 만들어 주는 교육이 필요합니다. 진로 결정에 있어서 가장 중요한 건 동기부여(motivation)입니다. 누구나 무엇인가가 자연스럽게 좋아져서 거기에 자극을 받아 하게 된 것들이 하나씩 있게 마련입니다.

어린아이들에게 이런 질문을 자주 합니다.

"너 커서 뭐가 될래?"

그런데 이 질문이 아이에게는 상당히 해로운 질문이라는 것을 아시나요? "커서 뭐가 되고 싶니?"보다 더 중요한 질문은 "너는 어떤 사람이니?"입니다. 동기부여만큼 중요한 것이 바로 재능(talent)이라는 뜻입니다. 자연적으로 잘할 수 있는 것이 바로 재능입니다.

그런데 동기부여나 재능 한 가지만 가지고는 진로를 선택하기가 곤

란합니다. 예를 들어, 농구를 굉장히 좋아하는데(high motivation) 능력은 안 되는(low talent) 학생이 있다면, 동기부여는 높지만 재능이 따라 주지 않는 경우지요. 그렇다면 그 학생에게는 농구가 진로가 아닌 것입니다. 또 어떤 학생은 수학을 무척 잘하는데, 너무 싫어합니다. 이 학생에게 필요한 것은 동기부여겠지요.

결론적으로 진로 결정에 있어서 동기부여와 재능은 둘 다 필요합니다. 동기부여와 재능, 전문 기술의 습득과 다양한 지식, 시행착오를 통한 노력과 연습 등이 쌓여서 개인의 강점이 되는 것입니다. 이 강점을 발견하는 것이 무척 중요합니다. 그런데 이것을 고등학교나 대학교 때 발견하는 것은 너무 늦습니다.

사실 동기부여와 재능은 어렸을 때부터 개발이 가능합니다. 사람들로부터 인정과 격려를 받으면 자신의 재능을 깨닫게 됩니다. 그때부터 시간 투자와 함께 시행착오를 거쳐서 전문 기술과 지식을 습득하고 노력의 시간을 보내게 됩니다.

그런데 우리나라 학생들은 대학교에 들어가기 전까지는 그런 시도를 해 볼 틈이 없습니다. 오로지 대학에 가기 위해 모든 기회를 유보한 채 스무 살이 될 때까지 남들과 똑같은 시스템 안에서 살아갑니다. 그나마도 자기가 원하는 전공을 선택하지 못해서 하버드 법대를 졸업하고 나서 뒤늦게 요리사의 길을 가는 경우가 생기는 것입니다.

그러므로 교사와 부모는 조금이라도 빨리 학생의 재능을 바탕으로 한 강점이 형성되도록 돕는 것이 무엇보다 중요합니다. 이것이 바로 진정한 진로 교육의 핵심입니다.


## 모든 활동에는 동기부여가 필요하다

조카가 만 3세 때 미국에서 유치원을 다니기 시작했습니다. 부모가 아이를 데리러 오기 10분 전쯤 선생님들은 어떤 상태일까요? 하루 종일 아이들과 씨름하느라 녹초가 되었을 시간입니다. 대개는 선생님의 도움 없이도 아이들끼리 할 수 있는 활동을 시켜 놓고 커피 한 잔 마시며 쉬는 시간을 갖곤 합니다.

그날 만 세 살배기 조카의 선생님은 토끼 10마리가 그려진 종이를 아이들에게 나눠 주고 색칠을 하라고 했던 모양입니다. 아이들이 제멋대로 색칠하기 시작했습니다. 그런데 조카는 자기 생각을 잘 표현하지 않는 소심하고 내성적인 아이인데, 그런 애가 토끼 2마리를 아주 정성껏 색칠하더니 색연필을 내려놓더랍니다. 그래서 선생님이 왜 색칠을 하지 않느냐고 물었습니다. 선생님의 다그치는 듯한 말투에 조카는 대답을 못하고 머뭇거렸는데, 선생님이 짜증 섞인 음성으로 이유를 말하라고 하자 아무 말 못하고 그냥 눈물만 흘렸다고 합니다.

나중에 엄마 아빠가 왜 색칠하지 않았느냐고 묻자 조카는 한참 있다가 한마디를 뱉었습니다.

"토끼들이 다 똑같았잖아요."

무슨 뜻일까요? 아이는 선생님에게 화가 났던 것입니다. 아무리 나이가 어려도 사람은 누구나 의미 있는 일을 하고 싶어 합니다. 그리고 감성적으로 감명받고 자극받고 싶어 합니다. 세 살배기 조카는 의미도 없고 감흥도 없는 기계적인 색칠 공부가 싫었던 것입니다.

우리는 공부를 머리로 한다고 착각합니다. 머리로만 공부할 수 있는지 한번 해 보세요. 생각보다 쉽지 않을 것입니다. 머리 외에도 여러 가지 요인들이 조화롭게 작용해야 공부가 잘되는 법입니다. 지능, 정서, 심리, 신체 움직임 등을 잘 관리해야 공부가 잘됩니다.

세 살배기 조카는 본능적으로 정서적인 자극이 있는 색칠 공부를 하고 싶었던 것입니다. 정서적 자극이 함께해야 진짜 공부가 되는데 그 연결이 안 되면 시간 낭비에 불과하지요. 만일 그때 선생님이 아이들에게 색칠 공부를 왜 해야 하는지 설명해 주고, 10분 동안 관심을 갖고 지켜봐 주었더라면 조카와 아이들은 훨씬 더 행복하게 토끼 10마리를 색칠했을 것입니다.


## 홈런왕 베이브 루스

미국의 홈런왕 베이브 루스(Babe Ruth)는 원래 타자가 아닌 투수로 선수 생활을 시작했습니다. 투수 시절에도 실력이 꽤 괜찮은 편이었습니다. 그런데 어느 날, 베이브는 자신이 타격에 재능이 있고, 좋아한다는 것을 깨달았습니다.

그래서 타자로서의 기술과 지식을 갖추고 열심히 훈련해서 강점을 만들겠다고 결심하고 연습을 시작했습니다. 자신에 대한 신뢰를 바탕으로 치열한 프로 스포츠 세계에서 과감한 도전을 한 것이지요. 그 결과 그는 미국 야구 역사상 전설적인 타격왕, 홈런왕이 되었습니다.

그가 한때 꽤 괜찮은 투수였다는 사실은 전혀 기억되지 않습니다. 그는 투수일 때는 괜찮은 선수, 좋은 선수에 불과했지만 타자로서는 최고였기 때문입니다. 이것이 'good'과 'excellent'의 차이입니다. 그런데 만일 베이브가 자존감이 낮아서 타자로 전환하는 결정을 하지 않았다면 그의 인생은 어떻게 되었을까요? 평생 그냥 평범한 '좋은 선수'로 남았을 것입니다.

교사와 부모는 이 점에 집중해야 합니다. 학생과 자녀를 뛰어난 사회인, 뛰어난 사람으로 만들 것인가 아니면 그저 괜찮은 사람 정도로 만들 것인가. 어떤 분야에서 괜찮은 사람과 진짜 뛰어난 사람은 굉장히 다릅니다. 그냥 괜찮은 누군가를 만들기 위해 명문대 입학을 목표로 올인할 것이 아니라 한 분야에서 아주 뛰어난 사람이 될 수 있도록 돕는 것이 더 멋진 일입니다.

사실 자존감이 높으면 성적이 좋아질 수밖에 없습니다. 성적을 먼저 강요할 게 아니라 남들이 보기에 좋아 보이는 직업을 갖기 위해 성적과 스펙을 쌓으라고 할 게 아니라 아이가 스스로를 바라보는 눈, 즉 자존감에 변화가 오도록 도와야 합니다. 그러면 자연히 동기부여가 일어나고 자신만의 재능을 발견하게 됩니다. 그러면 아이들이 학교에 가고 싶어서 밤잠을 설칠 정도가 될 것입니다. 그게 바로 행복이 아닐까요?

　교사로서의 재능을 스스로 발견했을 때를 떠올려 보세요. 드디어 선생님이 되어 학생들 앞에 처음 섰을 때의 설렘을 기억하십니까? 밤새 교안을 작성해도 피곤하지 않고 뺀질거리는 아이들과 매일 씨름을 하면서도 매 순간이 행복하고 열정적이었던 날들이 있었을 것입니다. 지금도 날마다 그런 열정과 신념과 기쁨으로 보내고 계십니까? 만일 가르치는 일에 재능이 있고 이 일이 기쁘다면 아마 그럴 것입니다. 동기부여와 재능이 발견되면 하고 싶은 게 많아져서 누가 옆에서 강요하지 않아도 알아서 열심히 하게 되지 않던가요? 우리 아이들도 마찬가지입니다.

# SELF-ESTEEM

**Part 3** 교실 속 자존감을 높이는 법

**08**

# 친밀해야 자존감이 높아진다
## "안전한 교실 만들기"

1993년, 미국의 로버트 브룩스(Robert Brooks) 박사가《자아존중감 교사》(*The Self-Esteem Teacher*)라는 책에서 학생들의 자존감과 선생님 효과와의 관계에 대한 연구 결과를 발표했습니다. 브룩스는 이 관계를 밝히기 위해 많은 교사들과 연구를 했는데, 교사야말로 학생의 인생을 결정지을 수 있는 중요한 영향력을 가지고 있다는, 너무도 당연하지만 또한 놀라운 사실을 밝혀냈습니다.

'선생님 효과'라는 매우 중요한 개념에 대해 생각을 해 보려고 합니다. 먼저 선생님에게 묻고 싶습니다. 교사로서 자신이 학생들에게 지대한 영향력을 가진 존재라는 생각을 하고 계십니까? 의외로 이런 사실에 대해 책임감을 느끼거나 자부심을 가진 선생님이 많지 않다는 사실에 놀라곤 합니다. 하지만 교사는 그런 존재입니다. 학생이라는 나무에게 교사는 햇살과도 같은 존재요, 가물 때 내리는 비와도 같은 절대적인 존재입니다. 그러니 다음 문장을 매 순간 마음에 새기셔야 합니다.

나는 학생의 인생을 변화시킬 영향력을 가진 교사다!

그 변화와 영향력은 학생들의 자존감 향상에서부터 시작된다는 사실도 기억해야 합니다. 예를 들어, 교실 안에서의 자존감 향상은 학습의 동기부여와 학습 효과와도 깊은 관계가 있습니다. 선생님의 관심이나 선생님과의 친밀한 관계로 자존감이 높아진 학생은 공부를 더 하고 싶어 하고 잘하게 되는 법입니다.

따라서 학생을 향한 민감성은 교사에게 매우 중요한 자질입니다. 학급 전체를 바라볼 뿐 아니라 학생 한 명 한 명을 보는 눈이 있어야 하고 한 사람에 대한 민감성이 필요합니다.

교단에서 학생들을 가르치다 보면 신기할 만큼 한 사람 한 사람이 잘 보입니다. 작은 표정 하나까지도 다 눈에 들어옵니다. 앉은 자세, 안색, 질문과 대답할 때의 태도, 수업에 대한 집중도, 그날의 컨디션까지 다 보입니다. 이때 눈에 들어오는 학생 한 명 한 명에게 교사가 얼마나 민감하게 감지하고 대처하느냐에 따라 그들의 자존감이 왔다 갔다 합니다.

학생에게 관심을 갖는다는 것은 단순히 학업 성적만을 위한 것이 아니라 그 존재 자체에 관심을 갖는다는 뜻입니다. "늘 수업 태도가 좋던 아이가 오늘따라 집중을 못하네!" 이렇게 관심을 갖는 것이 교사의 중요한 일 중 하나입니다.

저는 대학원에서 강의가 끝나면 몇몇 학생들에게 바로 이메일을 보냅니다. 지나치게 피곤해 보였거나 불만에 차 있는 듯 보였던 학생에게 보내는 것입니다. 내용은 매우 간단합니다.

"힘들어 보이던데, 잘 지내는지 궁금해서 이메일을 보낸다."

진정한 교사란 학생들의 인생이 변할 수 있도록 돌보는 사람입니다. 만일 어떤 학생이 학교에 오지 않았다면 혹시 그날 하루 종일 밥을 먹지 못한 것은 아닌지 걱정할 수 있어야 합니다. 미국에도 그런 아이들이 있습니다. 학교에서 주는 급식을 놓치면 하루에 한 끼도 못 먹는 아이들이 있습니다. 그런 아이들에게 선생님의 돌봄은 절대적입니다.


## 최고의 교사, 카나모리

민감성, 존중, 돌봄 그리고 수업을 통해 학생들의 자존감을 향상시키는 일에 집중할 수 있다면 아이들을 위해 보다 흥미롭고 만족스러운 교육 환경을 만들 수 있습니다.

일본 미나미 코다츠노 초등학교에서 실제로 일어난 일을 소개하겠습니다. 4학년 1반의 35명의 아이들은 3학년 때부터 2년째 같은 반이고, 담임선생님도 같았습니다. 이 학교의 최고 교사이자 친절하며 강인한 카나모리 토시로 선생님이 이 반의 담임선생님이었습니다.

이 반 학생들은 아침에 다른 반보다 일찍 등교했습니다. 선생님과 만나는 10분이 매우 특별했기 때문입니다. 선생님과 친구들과 가까워지는 시간이라서 다들 좋아했습니다. 선생님은 '편지의 날'을 만들어 아이들의 편지를 받고 글을 고쳐 주는 한편 그 내용을 토대로 아이들과 대화를 하곤 했습니다.

그렇게 삶의 무게를 서로 나누고, 아이들과 공감대를 만들어 갔습니다. 사실 교사는 다른 업무도 많아서 무척 바쁩니다. 아이들과 시간을 갖는 게 현실적으로 쉽지 않습니다. 그래서 아이들과 관계를 만드는 데는 선생님의 자기희생이 필요합니다. 다음 이야기에서 카나모리 선생님이 학생들의 자존감 향상을 위해 어떤 노력을 기울였는지 주목해 보십시오.

2002년 4월, 가나자와 현에 있는 미나미 코다츠노 초등학교의 새 학기가 시작되었습니다.

**선생님** 올해 가장 중요한 것이 뭐라고 했나요?
**학생들** 즐겁게 사는 거요.

**선생님** 우린 여기에 왜 왔죠?

**학생들** 즐겁게 지내려고요.

**선생님** 그렇다면 오케이라고 말해 보세요.

**아이들** 오케이!


4학년 1반의 한해 목표는 어떻게 하면 즐겁게 살 수 있는지, 어떻게 다른 사람들을 돌볼 수 있는지를 일깨워 주는 데 있었습니다.

카나모리 선생님의 교실엔 전통이 있습니다. 매일 아침 조회 때, 학생 세 명씩 자신이 쓴 편지를 아이들 앞에서 큰 소리로 읽는 것입니다. 편지에 행복감, 짜증, 감사 등을 진솔하게 표현했습니다.

렌이라는 아이가 할머니의 장례식을 마치고 사흘 만에 학교로 돌아왔습니다. 렌은 편지에서 죽음과 장례식 그리고 그가 잃은 것에 대해서 적었습니다.

"21일 일요일에 위층으로 불려 갔습니다. 할머니가 돌아가셨어요. 주무시는 것처럼 보였지만 돌아가셨대요."

렌이 학교에 오지 않은 이유를 모른 채 걱정했던 아이들은 편지를 통해 렌의 고통에 공감하게 되었습니다.

"할머니를 떠나보내야 할 때가 되어 우리는 관 속에 꽃을 놓았지요. 얼굴이 눈물로 범벅이 되었고, 모두가 울었어요. 화장터까지 버스로 갔습니다. 한 시간 만에 할머니는 뼈로 바뀌었어요. 할머니가 돌아가셔서 슬펐어요."

그러자 카나모리 선생님은 이런 기억이 있는 아이들에게 이야기를 하게 했습니다. 편지가 아이들의 오래된 슬픈 기억을 들추어 냈습니다.

**남자아이** 할머니는 온몸에 암이 퍼졌어요. 그래서 결국 돌아가셨죠. 나는 렌이 얼마나 슬플지 잘 알아요.

**여자아이** 제 생일 전날 밤에 할아버지가 침대에서 돌아가셨어요. 차마 얼굴을 볼 수가 없었어요.

이때, 평소에 말이 없던 미후유도 용기를 내어 고백합니다.

"제가 세 살 때 아빠가 돌아가셨어요. 그걸 편지에 써서 친구들에게 들려주고 싶었지만 그럴 수 없었어요. 아빠가 돌아가셨을 때 난 겨우 세 살이었지만 죽음이 뭔지는 알았어요. 울음을 멈출 수가 없었어요."

미후유가 마침내 돌아가신 아빠의 이야기를 꺼냈습니다. 그러자 듣고 있던 선생님이 아이들에게 말합니다.

"이 교실에서 누가 가장 힘들었을까? 나는 미후유라고 생각한다. 오늘 미후유가 자기 이야기를 들려줬지. 미후유? 그동안 속으로만 앓고 있느라 힘들었지? 사실 난 그동안 네가 아빠 이야기를 친구들에게 해 주길 바랐단다. 말하고 나면 속이 시원해지리란 걸 알았거든. 오늘 렌의 편지가 미후유에게 용기를 주었구나."

그렇게 그들은 자신의 상처를, 또 친구의 아픔을 이해하려고 했습니다. 그것이 고통스럽고 때로는 견디기 힘들다는 걸 알게 되었습니다.

며칠 후 미후유는 무척이나 아끼는 그림 한 점을 들고 교실에 왔습니다. 그것은 미후유의 아버지가 그린 자동차 설계도였습니다. 아버지가 돌아가신 뒤에 차가 제작되어 세상에 나왔습니다. 미후유는 설계도를 들고 친구들에게 아버지 이야기를 했습니다.

"이건 행진용 차인데, 이 차를 탄 행사담당자들이 이 그림을 들고 행진할 때, 아빠는 이미 돌아가신 뒤였어요. 엄마도 그걸 보고 싶어 했지만, 너무 가슴이 아파서 끝내 보지 못하셨어요."

그날 이후 미후유는 어느 때보다도 학급의 크나큰 존재가 되었습니다. 이제 미후유는 아버지 이야기를 하며 웃을 수 있게 되었습니다.



카나모리 선생님에 대해 읽으시면서 "내 아이가 이런 담임선생님을 만나면 좋겠다"는 생각이 들지 않던가요? 참 멋있는 선생님입니다.

미후유에게 아버지의 죽음은 남들에게 알리고 싶지 않은 숨은 영역이었습니다. 자기가 남들과 다르다는 게 알려지는 걸 두려워했던 것입니다. 혼자서 끙끙 앓았지요. 삶의 무게에 대한 스트레스와 감정을 적절히 해소해 줘야 하는데, 만일 그렇지 못하면 산만한 아이가 되기도 합니다. 수업 시간에 시끄럽고 산만해서 쫓겨나는 아이들을 상담해 보면 한참 있다가 이런 이야기를 들려주곤 합니다.

"어제 우리 부모님이 심하게 싸우셨어요. 이번에는 진짜 이혼할 수 있어요. 그래서 공부고 뭐고 집중이 하나도 안 돼요."

그런 아이에게 슬픈 에너지와 감정을 분출할 수 있는 공간을 만들어 주면 울음을 터뜨리곤 합니다. 많이 울어야 해소가 됩니다. 울음은 아이들의 감정 형성에 아주 중요합니다. 왜 그런지 아십니까? 넋 놓고 울 때 내부에 쌓인 나쁜 에너지가 빠져나가기 때문입니다. 그렇게 한바탕 울고 난 후 다시 그 일을 생각하면 울기 전보다 생각이 훨씬 더 긍정적으로 바뀌어서 예전처럼 민감하게 굴지 않게 됩니다.

남자아이들도 제때에 울 수 있도록 해 주어야 합니다. "남자가 울긴 왜 울어! 뚝! 울면 안 돼!" 하고 윽박지르는 것은 아이의 성장을 해치는 행위입니다. 당장 멈추어야 합니다.

나는 개인적으로 남자 선생님이 학생들에게 우는 모습을 많이 보여 주었으면 하는 바람이 있습니다. 말 안 듣는 학생을 붙들고 울어야 합니다. "내가 너 때문에 너무나 속상하다"고 하면서 울어 보세요. 이것이 몇 년 동안 설교하고 훈계하는 것보다 아이에게는 훨씬 더 효과적입니다. 또 수업 시간에 가르치다가 감동적인 부분이 있으면 아이들 앞에서 눈물을 흘려 보세요. 특히 남자아이들이 큰 위로를 받게 될 것입니다. 남자 선생님들의 우는 모습을 보면서 남자아이들도 '아, 내가 남자이긴 하지만 때로는 저렇게 울어도 되는 거구나' 하고 생각하며 위로를 받을 것입니다.


## 관계가 좋아야 자존감이 높아진다

카나모리 선생님의 또 다른 매력은 아이와 아이를 연결시키는 것입니다. 선생님이 렌이란 아이에게 "미후유가 오랫동안 혼자 아파했는데 이 아이에게 용기를 준 건 바로 너의 편지였다"고 말해 주지요. 그러니까 렌의 얼굴에 행복이 넘칩니다.

　이게 바로 '링킹'(Linking)이라는 것입니다. 선생님들이 아이들에게 해 주어야 할 아주 중요한 역할 중 하나입니다. 선생님의 잘못, 예를 들면 차별, 편견, 상식적이지 못한 고집, 막말 등으로 아이들 사이가 나뉘고 서로 미워하게 되는 안타까운 일들이 학교에서 실제로 일어납니다. 선생님의 원래 역할은 아이들 사이에 유대감을 키우고 서로 관심을 기울이고 사랑하는 사이로 만드는 것입니다. 이것은 성적보다, 다른 어떤 인성 교육보다도 더 중요한 학교에서의 배움이고, 선생님이 학생들을 위해 꼭 해 주어야 하는 최고의 선물입니다. 카나모리 선생님은 그

일을 너무도 자연스럽게 감동적으로 해내고 있는 위대한 교사 중 한 분입니다.

성장 단계에서 청소년기에는 자존감 향상에 있어서 대인 관계가 매우 중요합니다. 학생들이 학교에서 이런 관계를 맺으려면 교실이 안전한 공간이라는 느낌을 가질 수 있어야 합니다. 그렇지 않으면 절대로 이루어지지 않습니다. 위협적인 분위기나 공격적인 분위기에서는 진정한 대인 관계가 이루어질 수 없습니다.

그래서 먼저 교실을 안전한 공간으로 만들고, 그 후에 학생들이 서로를 잘 알 수 있도록 다양한 방법들을 제시하고 마련해 주면 학생들은 한결 편안하고 풍부하게, 또 깊이 있게 자신의 이야기를 하게 됩니다.

또한 학생들 사이에 규칙을 제시해 주는 것도 좋습니다. 예를 들면, '비난하지 말기, 여기에서 나눈 이야기는 비밀로 하기, 서로 믿어 주기' 등의 규칙을 정하고 한번 정한 뒤에는 매일 상기시켜 주면서 책임감을 부여해야 합니다. 한번 정했다고 해서 너무 강하게 밀어붙이면 오히려 거부 반응을 보일 수도 있으니 바꿔야 할 필요가 있으면 아이들과 토론한 후에 변경하는 것도 좋은 방법입니다. 이 모든 과정이 학생들에게는 소중한 경험이 됩니다.

## 09

신뢰 관계를 쌓으라
# "학생과 소통하는 툴, 조해리 창"

자존감을 높이기 위해 학생들이 자기 자신을 발견할 수 있는 공간을 만들어 주는 게 매우 중요합니다. 또 학교 안에, 우리 반에 안정적인 분위기를 만들어야 하는데, 이를 위해 학생과 선생님, 학생들 서로 간에 신뢰가 필요합니다. 신뢰를 쌓으려면 두 가지가 필요한데 첫째, 자신을 공개하고 둘째, 다른 사람의 피드백을 받아야 합니다.

1955년, 조셉 루프트(Joseph Luft)와 해리 잉햄(Harrington Ingham)이 발표한 조해리 창(Johari's Window)이 유용한 도구입니다. 조해리 창은 자기와 다른 사람과의 관계를 더 잘 이해하고, 자기 자신을 더 잘 알아 가도록 돕는 검사 프로그램입니다. 조와 해리는 사람이 타인에게 노출되는 형태를

네 개의 창으로 분류했습니다.

| | |
|---|---|
| ①<br>공개 영역<br>(open and free area) | ②<br>숨긴 영역<br>(hidden area) |
| ③<br>맹목적 영역<br>(blind area) | ④<br>미지의 영역<br>(unknown area) |

조해리 창의 4개 영역

첫째, 공개 영역(open and free area)은 특별히 공개하지 않아도 알 만한 사람은 다 알 수 있는 영역입니다. 예를 들어 조세핀 김이 여자이며 동양인이라는 사실이 이에 해당됩니다. 누군가를 만나는 순간 즉각적으로 키와 몸무게를 짐작할 수 있고, 대화를 통해 결혼 여부와 자녀의 유무도 알 수 있습니다. 이 영역은 누구나 알 수 있고, 자기 자신도 잘 알고 있는 부분입니다. 공개되는 정보가 많으면 많을수록 누구를 "더 잘 안다"고 말할 수 있겠지요. 즉 공개 영역이 크면 클수록 투명한 사람, 솔직한 사람이라는 평을 듣게 됩니다.

둘째, 공개 영역과 다른 숨긴 영역(hidden area)이 있습니다. 아무리 오랜 시간을 함께한 동료 사이라도 절대로 공개하지 않는 부분이 있을 수 있습니다. 처음 만난 사람에게 지난 10년 동안 자신이 겪었던 온갖 끔찍한 일들을 공개하는 사람도 있습니다만 이것은 사실 건강한 게 아닙니다. 저는 그런 상황을 '피 흘림'(bleeding)이라고 표현합니다. 상처가 아물지 않은 상태라 그가 가는 곳마다 피를 흘리고 다닌다는 뜻입니다.

숨긴 영역이란 말 그대로 남들은 모르는데 자기만 아는 것, 좀 더 직접적으로 말하자면 남들이 모르도록 꼭꼭 숨겨 놓은 영역을 가리킵니다. 이 영역에는 대개 자기의 약점이나 기억하고 싶지 않은 수치스러운 경험 또는 상처 같은 것들이 포함되어 있습니다.

감출 것은 감추는 것이 건강한 것입니다. 그러나 숨긴 영역이 지나치게 크거나 자신을 보호하느라 아무에게도 공개하지 않는다면 원만한 인간관계를 맺을 수 없습니다.

선생님은 학생들과 좋은 관계를 맺기 위해서라도 공개 영역을 넓히고 숨긴 영역을 좁혀야 합니다. 공개 영역을 늘리고 숨긴 영역을 줄이기 위해 자기 공개(self-disclosure)를 하는 방법이 있습니다. 솔직하게 서로가 자신을 공개할 수 있는 공간과 시간이 필요합니다.

| | |
|---|---|
| ①<br>공개 영역<br>(open and free area) | ②<br>숨긴 영역<br>(hidden area) |
| ③<br>맹목적 영역<br>(blind area) | ④<br>미지의 영역<br>(unknown area) |

셋째, 남들은 아는데 정작 자신은 모르는 맹목적 영역(blind area)이 있습니다. 대학 시절에 할아버지 교수님이 바지 지퍼가 열린 걸 모른 채 수업을 진행하신 적이 있습니다. 학생들이 눈을 어디에 둬야 할지 몰라 난감해 했지요. 학생들은 아는데 교수님만 모르는 사실, 이것이 바로 맹목적 영역입니다.

다음 수업 시간에 교수님이 얼마나 화를 내셨는지 모릅니다. 우리 중에 단 한 명도 교수님께 지퍼가 열렸다는 얘기를 하지 않았기 때문입니다. 교수님은 "제군들이 나를 인간적으로 존경한다면 내가 하루 종일 그러고 다니는 걸 그냥 두고 보진 않았을 거네" 하고 역정을 내셨지요. 누군가 용기를 내어 교수님께 말씀드렸어야 했던 것입니다.

맹목적 영역이란 이처럼 다른 사람은 보이는데 자기 자신은 볼 수 없는 영역이므로 다른 사람의 피드백이 없이는 스스로 고쳐 나갈 수 없습니다. 따라서 이 영역을 없애려면 다른 사람의 피드백을 계속 받아야 합니다.

어떤 학생만 보면 이상하게 목소리가 날 서고 표정이 굳는 선생님이 있었습니다. 이럴 때는 누군가가 말해 줘야 합니다.

"송 선생님, 그 학생만 보면 이상하게 목소리도, 표정도 굳어 버리시네요. 왜 그러세요?"

알고 보니 수년 전 크게 실망시켰던 학생과 비슷한 점이 많아서 자기도 모르게 그렇게 반응했던 것입니다. 맹목적 영역은 혼자서는 찾을 수 없고 볼 수도 없습니다. 다른 사람의 피드백이 없이는 자아 발전이 힘듭니다.

넷째, 남도 모르고 자신도 모르는 미지의 영역(unknown area)이 있습니다. 대개 그룹 활동을 통해서 알게 되는 경우가 많습니다. 예를 들면, 어떤 프로젝트를 진행하다 보니 다른 사람들보다 내가 먼저 나서서 말하고 적극적으로 그룹을 이끌어 나가는 모습을 발견하는 것입니다. 자신도 몰랐던 숨은 리더십을 발견한 것입니다. 만일 그룹 활동을 하지 않았다면 아무도 몰랐을 것입니다.

그래서 이런 발견을 위한 공간이 절대적으로 필요합니다. 자신도 모르고 남들도 모르는 부분이 최대한 공개 영역으로 드러나야 하기 때문입니다. 그래야 자신이 누구인지를 더 정확하게 알 수 있습니다. 이런 것들을 세밀하게 알고 적절하게 대응하기 위해서도 소통하고 대화하는 공간이 절대적으로 필요합니다.

## 공개 영역을 크게 만들라

'조해리 창'을 통해 중요한 두 가지 기능을 찾을 수 있습니다. '자기 자신에 대해 얘기하는 자기표현'과 '누군가가 반응해 주는 피드백'입니다. 자기표현과 피드백은 의사소통을 할 때, 특히 소속감을 키울 때 결정적인 역할을 합니다.

소속감이 얼마나 중요한가 하면, 누군가가 자기를 알아준다는 것 하나만으로도 자존감이 무척 높아집니다. 누군가가 나를 안다는 것, 누군가가 나를 보고 있고 인정해 준다는 것, 그것이 사람을 얼마나 사람답게 느끼게 해 주는지 모릅니다.

소외당하는 학생들이 가장 많이 하는 얘기가 아무도 자기를 봐 주는 사람이 없다는 것입니다. 그래서 미국에서는 서로 눈을 마주 보며 "안녕" 하고 인사하도록 어릴 때부터 가르칩니다. 인사만으로도 소외당한다는 느낌을 줄일 수 있기 때문입니다. "누군가에게 내가 보이는구나" 하는 것 자체가 안도감을 줍니다.

학교에서 반 친구가 등교하지 않은 걸 알게 되었습니다. 걱정되고 궁금해지지요. 이런 관심에서부터 관계가 시작되는 것입니다. 소속감은 이렇게 서로가 서로에게 연결됨으로써 확장됩니다.

가장 중요한 것은 공개 영역을 크게 만드는 것입니다. 서로에 대해서 나눌 수 있는 것이 많을 때 공개 영역이 점점 더 넓어집니다. 특히 자기 자신에 대해서 모르는 부분을 알려면 다른 사람이 얘기해 주어야 합니다. 함께 일하는 과정에서 자기도 몰랐던 새로운 면을 발견하기도 합니다. 그것을 통해서 서로가 서로를 더 잘 알게 되고 결과적으로 공동체 안에서 자기의 독특한 성향과 가치, 자기만이 채울 수 있는 영역, 즉 좌표를 갖게 됩니다. 이 모든 것이 어우러져 자존감을 높여 줍니다.

| ①<br>공개 영역<br>(open and free area) | ②<br>숨긴 영역<br>(hidden area) |
|---|---|
| ③<br>맹목적 영역<br>(blind area) | ④<br>미지의 영역<br>(unknown area) |

# 10
## 조언에 앞서 칭찬을
## "샌드위치 이펙트"

선생님은 학생들의 숨긴 영역, 맹목적 영역, 미지의 영역을 가능한 한 효과적으로 공개 영역으로 끌어내야 합니다. 그런데 그에 앞서 신뢰 관계를 형성하는 것이 중요합니다. 요즘 학생들은 예전의 우리처럼 선생님을 선생님과 나라는 2인칭으로 보지 않고, 제3자로 봅니다. 자기와 전혀 관계가 없는 존재로 본다는 뜻입니다. 그러니 선생님이 자기에 대해 뭔가 지적한다면 굉장히 당황스러운 일이 되는 것입니다.

선생님이 학생에게 "내가 보니까 너는 매일 지각하더라"하고 말하면 학생은 어떤 반응을 보일까요? 뜬금없는 공격이라고 여기고 본능적으로 방어 태세를 갖춥니다. 그리고 일찍 온 날도 있는데 매일 지각한다고 지적한 선생님에 대해서 '나의 나쁜 면만 보는 존재'라는 딱지를 붙이게 됩니다. 학생 입장에서는 당연히 기분이 나쁘겠죠. 그래서 속으로 이렇게 생각합니다. '당신, 대체 뭐야?'

## 샌드위치 이펙트 대화법

말로 상처를 주고받는 일이 얼마나 많습니까? 말 한마디 때문에 오해가 생겨 일 년 내내 서로 보는 것이 괴로운 선생님과 학생도 있습니다. 어떻게 하면 지혜롭게 피드백을 줄 수 있을까요? 제가 미래의 상담자들에게 늘 강조하는 말이 있습니다.

"말이란 내용보다 방식이 더 오래 기억에 남는 법이다."

어떤 아이와 특별히 대화를 나눈 적도 없는 상태에서 그 아이를 불러다 놓고 혼내거나 지적하는 것은 매우 어리석은 일이며 교사로서 큰 죄를 짓는 일입니다. 좋은 교사가 되려면 학생들과 일일이 규칙적으로 만나 일대일 관계를 맺어야 합니다.

어느 고등학교에서 학생을 대상으로 워크숍을 했습니다. 워크숍이 끝난 후에 점심식사 초대를 받아 학생들과 대화할 기회가 있겠구나 하는 마음에 기쁜 마음으로 참석했습니다. 그런데 크게 실망하고 말았습니다. 교사와 학생이 아예 다른 공간에서 식사를 하는 것이었습니다. 점심시간만이라도 선생님들끼리 홀가분하게 식사하고 싶은 마음은 이해합니다. 하지만 30~40분의 식사 시간이 아깝다는 생각이 들었습니다. 점심시간마다 반 학생들 2~3명과 돌아가면서 같이 식사한다면 관계 형성이 얼마나 쉽고 자연스럽게 이루어질까요?

대화법 중에 '샌드위치 이펙트'(sandwich effect)라는 것이 있습니다. 샌드위치는 빵 사이에 햄이나 야채를 끼운 것을 말합니다. 여기서 빵은 칭찬을, 햄이나 야채는 적절한 피드백을 가리킵니다.

우선 칭찬을 두둑하게 해 주어야 합니다.

"네가 우리 반에 있어서 고맙다. 너는 이런 것을 참 잘하더라. 지난번에 네 행동은 훌륭했다."

물론 쓸데없는 칭찬을 하면 소용없습니다. 요즘 학생들은 눈치가 무척 빠릅니다. 과도한 칭찬은 오히려 "대체 속셈이 뭐야?" 하는 의심을 불러일으킵니다. 무엇보다도 학생과 개인적인 관계를 맺는 것이 중요합니다. 본론을 말하기도 전에 신뢰를 잃으면 조언을 해도 아무런 도움이 되지 않습니다. 되레 상처가 될 뿐입니다.

근거 있는 칭찬으로 두툼한 빵을 깐 다음에 본론으로 들어가야 합니다.

"내가 관찰해 보니까 네게는 여러 훌륭한 부분들이 있더구나. 그런데 이것 한 가지만 고치면 더 훌륭한 학생이 될 것 같아. 하기 힘든 말이지만 네 발전을 위해 말해 주는 거야."

칭찬의 내용이 믿을 만하면 학생은 선생님이 자기에게 관심이 많다는 걸 알게 되고, 그 후에 하는 조언은 관심의 일부로 받아들이게 됩니다.

여기까지가 두툼한 빵을 깔고 햄을 얹은 단계입니다. 이제 다시 두 툼한 빵으로 덮어야 샌드위치가 완성됩니다. 조언을 한 뒤에는 반드시 희망적인 말을 해 주어야 합니다.

"이런 부족한 부분만 발전시키면 넌 훌륭한 리더가 될 수 있을 거야. 왜냐하면 남들에게는 없는 리더로서의 뛰어난 재능이 네게 있거든."

이렇게 학생과 관계를 형성하고 나면 선생님도 학생에게 피드백을 받아야 합니다. 학생들에게 자신이 어떤 교사인지, 수업은 잘하고 있는 지를 물어보십시오. 물론 서로 신뢰가 없으면 아이들이 욕을 하거나 일 부러 부정적인 말을 할 수도 있기 때문에 아무 때나 피드백을 받아서는 안 됩니다. 오히려 역효과를 일으킬 뿐입니다.

가장 좋은 방법은 새 학년이 시작되는 3월 초에 아이들에게 이런 제 안을 하는 것입니다.

"내가 무슨 얘기를 했을 때 너희 중 동의가 안 되는 사람은 언제든지 내게 얘기해도 좋아. 다만 대화 속에 서로를 신뢰하는 마음을 잊으면 안 된다."

이렇게 조금씩 맞춰 가다 보면 선생님과 학생들 사이에 견고한 신뢰 관계가 구축될 것입니다.

**11**

## 학생의 마음을 열어라
# "조회와 종례, 10분의 기적"

조회 시간은 교사와 아이들 사이에 친밀한 관계를 만들기에 아주 좋은 시간입니다. 조회 시간과 종례 시간, 아침저녁 10분 동안 선생님과 학생 간에 관계가 형성될 수 있습니다. 교사로서 할 일이 많은데 언제 이런 것을 하겠느냐고 할지 모르지만, 하루에 10분씩 두 번만 투자하면 자존감을 높여 줄 수 있습니다.

선생님이 먼저 자신의 소소한 일상을 학생들에게 솔직하게 들려주세요.

"아침에 일어나서 학교까지 오기가 정말 힘들더라."

그러면 학생들이 즉각적인 반응을 해 올 것입니다. "선생님도 우리처럼 힘들구나” 하는 공감대가 형성되기 때문입니다. 순간 선생님과 학생들이 하나가 될 수 있습니다.

　대개 학생들이 등교한 직후는 잠도 덜 깬 상태인데다가 일과를 시작해야 하는 긴장감과 스트레스로 몹시 피곤한 경우가 많습니다. 그때 선생님도 학생들과 동일하게 피곤을 느끼는 사람이라는 걸 알려 주면서 간단한 체조로 하루를 준비할 수 있도록 권면하면 학생들도 한결 가볍고 즐거운 마음으로 하루를 시작하게 됩니다.

　인기 많은 선생님이 되는 비결은 별것 없습니다. 학생들은 자기 자신도 연약한 사람이라는 것을 스스럼없이 보여 주면서 공감대를 형성할 줄 아는 선생님을 좋아합니다. 일단 공감대가 형성되면 학생들은 동질감을 느끼는 선생님에게서 위안과 용기를 얻게 됩니다. 그래서 나는 이따끔 학생들 앞에서 아침에 등교하는 것이 얼마나 힘든지 솔직하게 털어놓고, “힘든데도 왔으니 열심히 해 보자”고 말하곤 합니다.

　요즘은 조회 시간부터 휴대전화를 보는 학생들이 많습니다. 무조건 나무라고 금지할 게 아니라 이런 제안을 해 보는 것은 어떨까요?

　“선생님도 여러분처럼 게임하는 걸 좋아해요. 그래서 틈틈이 하곤 하지요. 건전하고 재미있는 게임을 한 판 하고 나면 스트레스가 해소되잖아요. 선생님도 그 마음을 잘 압니다. 그러나 책임감 있는 사람은 시간과 장소를 구분할 줄 압니다. 아무 때나 게임을 하지 않는다는 뜻이에요. 선생님과 약속을 하나 할까요? 이번 주에 휴대전화 때문에 문제가 생기지 않는다면 금요일 종례 시간에는 10분 동안 선생님이랑 같이 게임을 하는 거예요. 어때요? 일주일 동안 책임감 있게 행동할 수 있죠?
금요일을 기대하고 있을게요. 여러분이 선택하세요."

무조건 통제하는 것보다 이렇게 숨통을 틀 여지를 주는 것이 교사나
학생 모두에게 도움이 됩니다.


## 마무리 시간에 좋은 비치볼 게임

이 게임은 하루를 마무리하는 종례 시간에 하면 좋습니다. 다음 그림과
같이 큰 비치볼을 마련해서 각 칸마다 질문을 적어 넣습니다.

(예시)

오늘 하루 최고의 순간은?

오늘 가장 후회스러웠던 일은?

오늘 수업을 마치며 친구들에게 해 주고 싶은 말은?

오늘 가장 재밌던 일은?

내일을 위해 다짐하는 한 가지는?

오늘 배운 것 중 한 가지를 꼽으라면?


여러 가지 질문을 적어 넣은 비치볼을 임의로 한 학생에게 던져 그 학생의 오른손 엄지가 닿은 곳의 질문을 읽고 답하는 게임입니다. 그 학생이 답한 후에 다른 학생에게 공을 던져 줍니다. 서로 그날에 대해 깊이 생각하고 느낄 수 있는 기회를 삼을 수 있습니다.


## 엄청난 노력과 끈기가 필요하다

수업 시간에 유난히 거슬리는 학생이 있습니다. 번번이 선생님의 심기를 건드려서 교실에서 쫓겨나곤 합니다. 이런 일이 몇 번 반복되면 상담실을 찾게 됩니다. 이런 학생은 어떤 상태일까요? 예외 없이 마음이 딴 곳에 가 있는 아이들입니다. 학교생활에 집중할 만한 상황이 아니거나 학교에 오기 싫거나, 둘 중 하나입니다.

어른도 가정에 문제가 있거나 인간관계가 껄끄러울 때면 도무지 일에 집중할 수가 없지 않습니까? 걱정되고 신경 쓰여서 수업에도 집중하기 힘들 수 있습니다. 학생들도 마찬가지입니다.

특히 월요일에 학생들의 표정을 살피면 마치 폭풍이 지나간 듯한 흔적을 보이는 경우가 있습니다. 주말 동안 무슨 일이 있었던 것입니다. 대부분의 학생들에게 주말은 굉장히 중요한 시간입니다. 무엇보다도 수많은 경험을 하는 시간입니다. 월요일은 학생들에게도 선생님에게도 가장 복잡하고 힘든 날입니다. 일주일을 씨름하듯 보내면서 아이들이 조금씩 나아지는 걸 확인하고 안도감에 젖기도 전에 주말을 보낸 아이들의 표정을 보면 다시 원점으로 돌아가 있음을 확인합니다. 한숨을 내쉬며 다시 그 아이를 붙들고 씨름을 시작해야 합니다.

가정이라는 시스템은 본질적으로는 학교와 상충될 때가 많습니다. 왜냐하면 학교는 변화와 성장과 도전을 추구하는 반면에 가정은 변화를 거부하는 속성이 있기 때문입니다. 그러니 학교에서 학생들에게 어떤 변화를 시도하려고 하면 부모가 제동을 걸곤 하지요. 그래서 학생들을 변화시키려면 모든 저항을 이겨 내야 하기 때문에 결코 쉽지 않습니다. 엄청난 노력과 끈기를 필요로 합니다. 혼신의 힘을 다해 겨우 변화시켜 놓으면 주말 동안에 원점으로 돌아가 있곤 합니다.

그러나 교사의 입장만 생각해서는 안 됩니다. 학생들도 혼란스럽기는 마찬가지기 때문입니다. 대부분의 부모는 자녀에게 신뢰를 받기엔 너무나 이중적인 삶을 살아갑니다. 선생님이라고 다를까요? 학생들 눈에 비치는 어른들은 다 거기서 거기일 뿐입니다. 그들은 어른을 믿지 않습니다. 그런데 집에서도, 학교에서도 뭔가 바꾸라고 자꾸 요구를 받으면 싫은 것입니다. 그렇기 때문에 아이의 마음을 얻기 위해서는 학교는 가정과 다른 길로 접근해야 합니다.

자존감이 낮은 학생을 대할 때 특히 기억해야 할 것은 '조언하기에 앞서 관계를 먼저 맺는 것'입니다. 학생의 단점을 지적했을 때, 그 아이가 선생님의 조언을 진심으로 받아들일 수 있는지 고민해 봐야 합니다. 그래서 저는 개인적으로 관계 형성이 안 된 학생에게는 개인적인 단점들에 대해 조언하지 않습니다. 관계가 형성될 때까지는 말하고 싶어도 참는 것이지요.

**12**

소속감을 높이라
**"따듯한 교실 만들기"**

학생과의 관계를 어떻게 만들어 가면 좋을까요? 우선 선생님이 학기 시작 전부터 학생의 소속감을 높이기 위해 준비하면 좋습니다. 선생님들의 효과적인 습관을 관찰해 보면 학기가 시작하기 전에 학생과 부모와 긍정적인 관계를 맺는 데 상당한 노력을 기울이는 것을 알 수 있습니다. 이들은 학기 시작 한 달 전부터 부모에게 전화해서 자기소개를 하고 면담을 제안합니다. 면담 시간을 통해 교사 자신의 교육철학과 수업 방식에 대해 설명해 주고, 학생과 부모에 대한 바람과 기대를 나눈 후 질문을 받습니다.

학기 전 면담으로 큰 변화를 가져올 수 있습니다. 부모는 선생님에 대해 긍정적으로 생각하며 적극적인 지지자가 될 수 있습니다. 학생은 낯선 교실이 아닌 낯이 익은 선생님이 계시는 교실로 등교하게 됩니다.

어떤 선생님은 학생들에게 미리 엽서를 보내어 자기소개를 하며 환영 인사를 합니다. 아직 만나 보지 못한 선생님에게서 엽서를 받은 학생과 보호자는 선생님을 긍정적으로 받아들일 수밖에 없죠. 엽서에 등교 첫날 학생의 사진을 가져올 것을 요청해서 반 게시판에 이름과 함께 게시하면 좋습니다.

또 어떤 선생님은 소식지를 통해 학생과 부모에게 자기소개를 하고, 반 이름 짓기를 제안하기도 합니다. 등교 첫날, 대회를 열어 투표로 좋은 이름을 뽑습니다. 이로써 학생들이 자기 반에 대한 소속감을 높이는 것입니다. 사소한 즐거움이 반에 따뜻한 분위기를 조성해 줍니다.

선생님은 학생을 늘 관찰하는 사람이자 학생이 보고 배울 수 있는 모델입니다. 어떤 선생님은 학생들이 실수했을 때 지나치게 민감하게 반응하는 자신을 보고 한동안 의도적으로 하루에 한 번씩 교사인 자신이 저지른 실수에 대해 솔직하게 털어놓으며 이야기를 나눴다고 합니다. 그랬더니 학생들이 실수 또한 인생의 일부분임을 인정하기 시작했고 실수는 지극히 평범한 것임을 고백하기 시작했습니다. 선생님은 "실수 자체보다 실수를 통해 얻은 교훈들이 얼마나 값진가" 하는 주제로 생각을 확장시켜 주었습니다.

등교 첫날 어색한 분위기 깨기 위해 아이스 브레이커 아이디어(ice

breaker ideas)를 권합니다. 학생들이 1월부터 12월까지 생일 순서에 따라 줄을 서는 게임입니다. 단, 서로 말을 해서는 안 되고, 글을 쓸 수도 없습니다. 창의적인 방법으로 아이들이 서로의 생일을 알아내어 순서를 정해야 합니다. 다양한 의사소통 방법이 동원되어야 하는 팀워크 활동입니다.


## 학생들과 친해지기

학생들이 선생님에게 쉽게 다가올 수 있도록 특별한 시간과 공간을 마련합니다. 아무리 바빠도 하루에 한 시간 정도 정해 놓고 규칙적으로 학생과 일대일 대화를 나눌 수 있도록 합니다. 상담을 원하는 학생은 누구나 언제든지 와서 상담할 수 있도록 하고, 두세 명이 함께 상담해도 좋습니다. 수업 전이나 방과 후에 한 시간을 투자하면 학교가 학생들에게 심리적으로 안전한 공간이 될 수 있습니다. 이때 선생님과 학생이 심리적 거리를 좁힐 수 있도록 편안한 의자 두 개를 마련해 놓는 것이 좋습니다. 그 사이에 책상이 가로막고 있다면 의사소통을 막는 물리적 장벽이 될 수도 있습니다. 간단한 간식과 음료를 준비해 놓는 것도 따듯하고 편안한 분위기를 만드는 방법입니다.

　매일 무작위로 한 아이를 뽑아 선생님이 관찰한 그의 긍정적인 부분에 대해 짧은 메모를 써서 전달해 주는 것도 좋습니다. 이런 작은 피드백이 사람을 살릴 수도 있습니다.

효과적인 교사는 학생과 보호자와의 의사소통 창구를 늘 열어 둡니다. 일주일 동안 참여했던 활동과 달성한 목표들에 대한 내용을 규칙적으로 전달하고 기록 사진도 보내 줍니다. 뿐만 아니라 향후 있을 활동들과 교육 목표를 미리 알려 주기도 합니다. 이처럼 효과적인 교사는 부모 또는 보호자에게 충분한 정보를 제공하며 꾸준하게 보고합니다.

또한 학생들에게 규칙적으로 피드백을 요구합니다. 학생이 선생님에게 건설적인 피드백을 하기란 쉽지 않습니다. 그래서 무기명으로 쪽지를 넣을 수 있는 상자를 만들어 학생들의 피드백을 정기적으로 받습니다. 피드백을 검토하여 학생들과 건설적인 규칙을 세워 나갈 수도 있습니다.

학기 초에 선생님과 학생들이 앞으로 일 년 동안 각자의 목표 한 가지를 종이에 적어 타임캡슐에 보관했다가 그해 마지막 날에 열어 한 해를 돌아보는 것도 의미가 있습니다. 연령이 낮은 학생들에게는 일 년이 지나치게 길게 느껴질 수도 있으니 매달 한 번씩 점검하여 새로운 목표를 세우게 하는 것도 좋습니다.

# 13

## 상대에게 관심을 가지라
# "이름 불러 주기 게임"

학생들과 함께할 수 있는 좀더 역동적인 게임을 소개합니다. 꼭 이런 것까지 해야 하나 싶은 생각이 들 수도 있습니다. 그러나 학생들과의 만남은 이론만 가지고 되지 않습니다. 만남 자체가 생생한 실제이기 때문입니다. 현장에서 이런 워크숍을 해 본 교사는 아이들을 대하는 수준과 자세가 상당히 다를 수밖에 없습니다. 그래서 이론 교육과 함께 소그룹 형태의 워크숍 교육을 통해 현장에서 경험해 보는 것이 매우 중요합니다.

이번 장에서 소개할 것은, 이름 불러 주기 게임(name action game)입니다. 가능하면 서로 모르는 사람끼리 섞여서 둥그렇게 서게 합니다. 그 상태

에서 간단한 율동과 함께 서로 이름을 불러 주는 게임입니다. 이름을 부를 때 그냥 부르지 않고 첫 번째 자음과 같은 음의 형용사를 앞에 붙여서 부르게 합니다. 예를 들어, '명화'의 'ㅁ'자로 시작하는 형용사를 앞에 붙여서 "명랑한 명화"라고 부를 수 있습니다. 이런 식으로 서로 이름을 외웁니다. 한 명이 자기 이름을 율동과 함께 부르면 나머지 학생들이 모두 따라하는 것입니다. 그 다음 두 번째 학생이 이름을 말하면 모두가 첫 번째 학생의 이름부터 두 번째 학생의 이름까지 이어서 부르며 율동을 합니다. 이렇게 마지막 사람까지 이름 부르기를 계속 이어 갑니다.

게임을 하고 난 후에는 느낌을 물어보는 게 중요합니다.

"자, 게임을 해 보니 어땠나요?"

"옆에 있는 친구의 이름을 부를 때 기분이 어땠어요? 시간이 부족했나요? 아니면 형용사가 떠오르지 않아서 고민이 많았나요? 옆 사람이 내 이름을 불러 줄 때는 기분이 어땠나요? 이름을 불러 준 친구를 보는 느낌이 조금 달라지지 않았나요?"

우리 민족에게는 남을 배려하는 심성이 있습니다. 아이들에게도 그 심성이 고스란히 전해져 오고 있습니다. 집이나 학교에서 의견이 무시되고, 성공한 사람만 바라보는 사회의 비뚤어진 가치관의 영향으로 아이들이 자기방어적인 태도를 취할 수밖에 없게 되었지만 심성만큼은 여전히 따뜻하고 섬세합니다. 자기를 소개할 때는 쑥스러워하던 아이들도 다른 친구의 이름을 부를 때는 열심히 연구하며 좋은 아이디어를 떠올리려고 노력합니다. 이것이 바로 우리 청소년들의 진심입니다. 그동안 그런 심성을 들여다보고자 하는 마음이 없었기 때문에 보지 못한 것뿐입니다.

이런 활동을 할 때는 선생님이 참여하여 학생들과 함께 어울리는 것이 매우 중요합니다. 그들에게 다가갈 수 있는 좋은 기회이기 때문입니다. 게다가 선생님이 참여하면 조금 더 긴장하여 열심히 참여할 것입니다. 그러니 선생님이라고 해서 학생들한테 게임을 맡기고 한눈을 팔아서는 안 됩니다. 사실 관심이란 이런 것입니다. 지켜보고 함께 참여하는 것입니다.

## 게임 후 우정의 공간이 생긴다

이름 불러 주기 게임을 하고 나면 반에 변화가 생깁니다. 다음 날 혹시 누군가 결석을 하면 금세 알아차립니다. 그전에는 누가 왔는지, 갔는지도 모르던 아이들이 서로에게 관심을 갖기 시작합니다. 또 점심시간이면 삼삼오오 모여서 식사를 하게 됩니다. 친구가 생기는 것입니다. 단짝 친구라는 것도 사실 이런 단순한 만남, '상대의 인식'에서부터 시작됩니다.

이렇게 상대를 인식하게 되면 왕따 문제가 현저하게 줄어듭니다. 학교에서 아이들 사이에 왜 왕따가 생길까요? 왕따 사건이 있을 때 왜 아이들은 서로를 돕지 않을까요? 서로에 대한 인식이 부족한 만큼 책임감도 느끼지 못하기 때문입니다.

누군가 왕따를 당할 때 이 사실을 알게 된 사람이 먼저 나서서 가해자에게 "너 이렇게 하면 안 돼. 친구를 괴롭히는 건 나빠. 하지 마" 하고 얘기한다면 상황이 달라집니다.

누군가의 관심을 받고 보호를 받는 대상을 건드리는 건 귀찮은 일이거든요. 어떻게 보면 아주 쉬운 방지책이 있는데도 학교에서는 거의 찾아볼 수 없지요. 가해자 집단에 대한 두려움도 있겠지만 우선은 왕따를 당하는 친구에 대한 관심이 그만큼 부족하기 때문입니다. 그런데 약 15~20분 동안 서로의 이름을 불러 주는 간단한 게임을 통해 정서적인 관계가 형성될 수 있습니다. 연대의식과 함께 우정의 공간이 생기기 시작합니다. 이 작은 시작이 학교에서 아이들이 서로를 안전하게 보호하고 함께 성장하게 하는 동력이 됩니다.

**14**

연대감을 만들라
"선 넘어가기와 빙고 게임"

이번에 소개할 게임은 선 넘어가기 게임(cross the line activity)입니다. 학생들이 서로를 잘 알아갈 수 있도록 돕는 게임입니다.

교실 바닥 중앙에 컬러테이프를 붙여 줄을 긋고 나서 학생들에게 게임 운영 방법을 설명합니다.

"지금부터 내가 하는 말을 듣고 '저건 내 얘기다'라는 생각이 들면 이 선을 넘어오세요. 그리고 건너편 사람들과 마주 서면 됩니다. 말은 하지 말고 몸만 움직이세요. 선을 넘어온 친구들은 넘지 않은 친구들을 잘 살펴보고, 마찬가지로 선을 넘지 않은 친구들도 넘어간 친구들을 잘 살펴보도록 해요."

(예시)

나는 아이스크림을 참 좋아합니다.

(해당되는 사람은 앞쪽으로 넘어오세요. 좋아요. 다시 건너가 주세요)

나는 아이스크림보다 케이크가 더 좋아요.

오늘은 아침에 일어나기가 정말 힘들었어요.

오늘 학교 오기 싫었어요.

나는 오늘 매우 즐거운 마음으로 등교했답니다.

나는 동생이 있어요.

나는 외동입니다.

나는 누나나 오빠가 있어요.

나는 남친이나 여친이 있어요.

나는 영어를 참 좋아합니다.

나는 숫자만 보면 외국어를 보는 느낌이 들어요.

나는 운동을 잘하는 편이에요.

나는 미술 시간이 제일 좋아요.

나는 그다지 잘하는 게 없습니다.

나는 미래를 생각하면 신 나고 빨리 어른이 되었으면 좋겠어요.

나는 미래에 무얼 해야 할지 아직 전혀 모르겠어요.

나는 대학 갈 생각을 하면 앞이 캄캄해요.

나는 가끔씩 외로움을 타요.

나는 아르바이트를 꼭 해야 해요.

나는 종종 스트레스를 받아요.

나를 잘 이해해 주는 친구가 있어요.

나는 미래에 대한 꿈과 목표가 있어요.


이 게임은 행동만으로도 사람들 사이에 어떤 연대감이 생기는가를 시험할 수 있는 활동입니다. 실제로 이 게임을 진행하다 보면 서로에 대해 잘 알게 됩니다. 겉으로 보기엔 나와 전혀 다를 것 같던 친구도 알고 보니 같은 점이 많다는 것을 발견하게 됩니다. 또 어떤 친구는 생각보다 훨씬 독특한 취향을 가졌다는 것도 알게 됩니다. 이 활동을 통해 서로가 서로를 상당히 깊게 알 수 있습니다.

게임이 끝난 후에는 어떻게 느꼈는지에 대해 서로 질문하는 것이 좋습니다.

"다른 친구들은 다 가만히 있는데 혼자 선을 넘어갈 때 기분이 어땠어요?"

"친구들에게 자기를 드러내는 데 망설여진 사람은 없나요?"

이 게임은 교사와 학생 모두에게 매우 유용합니다. 선생님은 평소에는 드러나지 않았던 학생들의 속성을 알게 되고, 학생들도 서로에 대해 몰랐던 사실을 알게 됩니다. 이렇게 서로 알아 가는 기회와 공간을 제공해 주는 것은 너무나도 중요합니다. 이런 기회가 많으면 많을수록 친구 관계에서 문제를 느끼는 학생들이 줄어듭니다. 놀랍게도 학습 능력까지 향상되는 것을 볼 수 있습니다.

상황에 따라 다양하게 변화를 주어 활용할 수 있습니다. 월요일 조회 때 학생들이 주말을 어떻게 보냈는지 궁금하다면 바로 이 게임을 해볼 수 있습니다. 예를 들어 "주말에 저는 정말 즐겁게 보냈어요"라는 말에 선을 넘는 학생이 있고 그대로 있는 학생도 있겠죠. 또 "주말에 정말 후회하는 일이 있었어요"라는 말에 선생님은 반 아이를 어떻게 배려할지 알 수 있습니다.

# 서로를 알아 가는 빙고 게임

빙고(bingo) 게임은 우리가 서로 어떻게 같고, 어떻게 다른가를 알아볼 수 있는 게임입니다. 방식은 간단합니다. 학생들이 질문이 적힌 종이를 들고 돌아다니면서 서로에게 질문을 합니다. 그 질문에 해당되는 친구들의 이름을 질문 아래에 적습니다. 모든 칸에 한 명의 친구 이름을 적어야 합니다. 예는 다음과 같습니다.

| 형제, 자매가 있는 친구 | 머리가 긴 친구 | 악기를 연주할 수 있는 친구 |
|---|---|---|
| 수학을 좋아하는 친구 | 축구를 못하는 친구 | 떡볶이를 싫어하는 친구 |
| 학교를 좋아하는 친구 | 해외를 다녀온 적이 있는 친구 | 할머니랑 같이 사는 친구 |
| 안경 쓴 친구 | 책을 좋아하는 친구 | 게임을 좋아하는 친구 |
| 그림 그리기 좋아하는 친구 | 걸어서 학교에 오는 친구 | 노래 부르기 좋아하는 친구 |

**15**

# 감정을 표현하도록 가르치라
## "SEL 교육법"

아이가 자신과 다른 사람의 감정을 표현하고 읽을 줄 아는 사회적, 감정적 능력과 행동은 대략 8세 무렵에 완성됩니다. 그리고 이것은 자존감과 직접적인 연관이 있습니다. 따라서 아이가 자신의 감정을 잘 표현하고 다스릴 수 있도록 가르쳐야 자존감이 높습니다. 사회적, 감정적 능력을 키우는 최고의 학습법이 SEL(Social Emotional Learning, 사회적·감정적 교육) 교육법입니다. 이는 미국의 심리학자 다니엘 골먼(Daniel Goleman)과 아일린 록펠러 그로왈드(Eileen Rockefeller Growald)가 만들었습니다.

다음은 SEL 교육법의 다섯 가지 목표입니다.

첫째, 자기 인식(self awareness)입니다. 나 자신에 대해서 잘 아는 것이 중요한데, 특히 자신의 감정과 가치관을 아는 것입니다. 나 자신의 강점과 부족한 점들을 아는 것이 필요합니다.

한국 학생들과 상담할 때 느끼는 특이한 점이 있습니다. 자기의 약점을 얘기하라고 하면 줄줄 말하던 학생도 장점을 말하라고 하면 꿀 먹은 벙어리가 된다는 사실입니다. 어른도 마찬가지입니다. 자신의 단점을 말하는 것은 스스로를 낮추는 겸손한 태도일 뿐 아니라 자기 발전을 위해서 꼭 필요한 채찍질 같은 것이라는 사회적 통념이 있는 것 같습니다. 그러나 장점을 말하는 것은 자신을 내세우는 부끄러운 일이라고 생각하곤 합니다.

물론 어느 정도 맞는 말이기도 합니다. 그러나 오랜 세월 동안 사회를 지배해 온 통념에 의해 어느덧 장점은 아예 생각하지 않고 오로지 단점에만 주목하는 습관이 몸에 밴 것입니다. 그래서 자기 자신에 대해 상당히 부정적인 부분에만 주목하고 그것을 지적하는 시각을 갖게 됩니다. 자라나는 학생들에게는 객관적이고 긍정적인 자기 인식을 심어 줄 필요가 있습니다. 이에 필요한 활동을 통해 다양한 기회를 만들어 주어야만 합니다.

둘째, 자기 관리(self management), 행동 조절(behavior management), 감정 통제(emotional control)입니다. 자기 감정을 조절하고 통제할 수 있도록 이끌어 주는 것입니다. 순간적인 거부감이나 불쾌감, 분노를 조절하는 힘이 필요합니다. 부모가 자녀의 성적에만 신경을 쓰고 상대적으로 인성과 사회성 발달에는 소홀한 경향이 있습니다. 그래서 예상치 못한 감정의 변화에 적절히 대응하지 못하는 학생들이 많습니다. 그런 학생들이 발견되면 교사는 지속적으로 살피며 돌봐 주어야 합니다. 학생 스스로 자신의 부족함을 보고 인정하며 고쳐 나갈 수 있도록 도와야 합니다. 이때도 학생에게 조언을 하기 전에 먼저 관계부터 형성하는 것이 필요하며, 부모와의 유기적인 협력도 요구됩니다.

셋째, 공감 능력(social awareness)입니다. 이것은 다른 사람을 공감하고 이해하는 능력입니다. 한국 학생들에게 특히 부족한 부분입니다. 누구나 "내 코가 석 자"라고 여기며 사니까요. 놀랍게도 유복한 집안에서 자라는 학생들조차도 자기가 가장 도움이 필요한 처지에 있다고 여기는 경향이 있습니다. 그래서 정말 다급하게 도움을 청하는 친구의 상황을 보고도 강 건너 불구경하는 학생들이 많습니다. 이럴 때 말이나 행동으로 상대에게 다가갈 수 있도록 도와야 합니다.

넷째, 관계 기술(relationship skill)입니다. 타인과 긍정적인 관계를 맺는지, 팀 활동에서 적극적으로 협동하는지, 갈등이나 문제가 생겼을 때 해결할 능력이 있는지, 그리고 타인과 더불어 문제를 해결할 수 있는지를 점검하고 기르는 것이 목표입니다.

다섯째, 책임감 있는 결단(responsible decision making)입니다. 매우 중요한 항목으로 자신이 책임을 지고 결정을 내리는 것입니다. 과연 내가 이 일을 잘할 수 있는지, 그리고 사회적으로 책임을 질 수 있는지를 심사숙고해서 결정하는 것입니다. 이 점이 잘 발달된 학생의 특징은 부정행위를 하지 않는다는 것입니다.

이 다섯 가지 목표를 두고 매일 조회나 종례 시간에 다양한 활동을 할 수 있습니다. 4부에서 소개할 '스토리텔링을 통한 감정 표현', '나에 대한 진술'(I-Statement), '다문화 교육 스티커 놀이' 등이 SEL 교육법의 예시입니다.


## SEL 교육법의 결과

SEL 교육법을 잘 활용하면 학생들이 변하기 시작합니다. 일단 자기효율성(self-efficacy)이 높아지는데, 자기효율성은 자존감과는 조금 다른 개념입니다. 자존감은 스스로를 괜찮은 사람이라고 생각하는 것인 데 비해 자기효율성은 구체적인 과제를 얼마나 효율적으로 잘 해내는가를 나타냅니다. 연구 결과에 따르면 SEL 교육법의 다섯 가지 목표를 충실히 이행하는 학교의 학생들은 자기효율성도 높고 자존감도 높은 것으로 나타났습니다.

이렇게 SEL 학급을 운영하면 학생 개인에게도 좋지만 전반적으로 학생들의 인성도 좋아집니다. 최근 한국의 많은 학교들이 인성 교육에 노력을 기울이고 있는데 SEL 학급 운영이야말로 가장 효율성이 높고 적절한 인성 교육이라고 할 수 있습니다. 뿐만 아니라 학생들 사이에 협동심과 단결심도 높아집니다. 상대적으로 공격성과 폭력성은 줄어듭니다. 갈등 해결 능력이 향상되기 때문입니다.

궁극적으로는 등교 거부 문제가 현저히 줄어듭니다. 학교가 감정적인 분출이 가능하고 자신을 노출해도 되는 안전한 곳이며 자존감을 높여 주는 곳이라는 인식이 생기면 학교에 대한 거부감이 없어집니다. 이런 학생들은 수업 집중도가 높아지고 참여도 활발해지는 것을 볼 수 있습니다.

선생님이 학생들을 변화시킬 결심이 섰다면 목표를 정해야 하는데, 이때 능력에 맞지 않는 높은 목표를 세우면 학생들이 자기와는 상관없는 목표라고 여기기 때문에 실패하기 쉽습니다. 반대로 능력에 비해 너무 낮은 목표를 세우면 학생들이 지루해합니다. 따라서 학생의 수준에 맞는 적절한 목표를 설정해 주는 것이 매우 중요합니다. 능력보다 약간 높은 목표를 세워 주고 하나씩 열심히 이루어 내어 성취감을 느끼도록 해야 합니다.

재미있는 사실은 SEL 교육법이 잘 이루어지면 학생들이 학교가 아닌 곳에서도 독서를 하는 학생들이 된다는 것입니다. 방학이 끝나고 나서 이전과는 비교도 안 되게 훌쩍 성장해 있는 학생들이 있습니다. 그런가 하면 어떤 학생들은 방학 전이나 후나 다름없는 상태에 머물러 있기도 합니다. 무엇이 차이를 만드는 것일까요? 바로 독서입니다. 특히 부모과 함께 책을 읽는 자녀는 성큼성큼 빠르게 성장하는 것을 볼 수 있습니다. 독서를 즐길 줄 아는 아이들은 더 이상 성적을 위해서 공부하지 않습니다. 배우는 게 재미있어서, 새로운 것을 아는 게 재미가 있어서 책을 읽고 공부하게 됩니다.

## 효과적인 SEL 교육의 환경

SEL 교육법의 효과를 높이기 위해서는 안전한 환경을 만들어야 합니다. 이를 위해서 가장 앞장서야 할 사람은 교장선생님입니다. 즉 학교 차원에서 SEL교육법 운동을 시작해야 한다는 뜻입니다.

SEL 교실에서는 학생들이 한 반의 구성원임을 자랑스럽게 여기고 스스로에게 자부심을 느낍니다.

"나는 우리 반에서 없어서는 안 될 인물이라고."

이렇게 학생들은 스스로를 신뢰하고 자기 힘으로 성취할 수 있는 기회를 제공받아야 합니다. 또 다양한 통로로 배울 수 있는 기회를 열어주어야 합니다. 목표를 달성하기 위한 방법은 여러 가지가 있습니다. 그러니 목표만 설정하고, 성취하는 과정은 자유롭게 선택할 수 있도록 하는 것이 좋습니다. 스스로 찾아가는 과정에서 더 많은 것을 배우고 이룰 수 있습니다.

선생님이 자신에게 맞는 교수법으로 가르치듯이 학생들도 자기에게 맞는 스타일로 배우는 것이 가장 쉽지 않을까요? 저는 대학원에서 강의를 하다 보니 학생들에게 보고서 과제를 내줄 때가 많습니다. 그런데 한 번은 어떤 학생이 찾아와서 자기는 글쓰기를 잘 못하니 대신에 프레젠테이션으로 발표하면 안 되겠느냐고 물었습니다. 그 학생의 솔직한 고백과 제안이 마음에 들어서 허락해 주었는데, 그의 발표는 어떤 보고서보다도 훌륭했습니다. 그에게 A학점을 줄 수밖에 없었습니다. 교수가 원하는 방식이 전부가 아니라는 얘기를 하려는 것입니다. 학생 스스로 자신의 방식대로 학업 성취를 이룰 수도 있습니다. 학생에게는 배움의 즐거움을 찾을 권리가 있으니까 말입니다.

요즘 학생들은 매우 특별합니다. 유튜브 영상만 보더라도 노래면 노래, 춤이면 춤, 못하는 것이 없고 상상을 초월할 정도로 다양하고 풍부한 재능을 가지고 있습니다. 이렇게 학교 밖에서는 자신의 재능을 마음 껏 펼치는 아이들이 정작 학교에 오면 틀에 박힌 수업과 시험에 시달릴 수밖에 없다면 이들은 어떤 선택을 하게 될까요? 밖으로 튀어 나갈 수밖에요.

만약 수업 시간에 다양한 방식을 시도하기가 힘들다면 동아리 활동을 통해서라도 기회가 주어졌으면 좋겠습니다. 자신의 학습 방식을 스스로 결정하고 자신의 장단점을 파악하여 문제를 해결할 기회를 주어야 합니다. 자존감은 긍정적인 피드백을 줄 수 있는 안정적인 의사소통의 자리와 환경이 확보된 상태에서 향상될 수 있습니다.

## 16
## 왕따를 근절하라
## "왕따 금지 원칙 세우기"

왕따 문제는 학교에서 일어나는 가장 비극적인 상황으로 때때로 학생을 자살이라는 최악의 상황으로 몰고 가는 핵심 요인이기도 합니다. 교사라면 담임한 반에서만큼은 이런 비극이 일어나지 않도록 안전한 공간을 만드는 데 최선의 노력을 기울여야 합니다.

안전한 환경을 만드는 데 열심인 교사를 보면 자기 반성(self-reflection)을 하는 분들이 많습니다.

'그때 학생이 내게 거친 말을 퍼부었을 때 나는 왜 그런 반응을 했을까?'

'왜 나는 그 학생만 보면 얼굴이 굳을까?'

이런 것들을 생각하며 자신을 점검합니다. 이유 없이 피하고 싶고 부담이 되는 상대일수록 과거의 경험과 관련 있는 경우가 많습니다. 만나면 불편함을 느끼는 남자 선생님이 어렸을 때 자기를 못살게 굴던 친오빠를 닮았다든지 하는 일이 있습니다. 심리학 용어로 전이(transference)라고 하는데, 아동기에 중요한 사람들과의 관계에서 경험했던 행동 유형이 현재 맺고 있는 다른 사람들과의 관계로 전치되는 것을 가리킵니다.

선생님이 무심코 학생의 잘못을 지적했는데, 그가 격하게 반응한다면 끝도 없는 잔소리와 폭행을 행사하던 자신의 부모를 떠올리고 있는지도 모르는 일입니다. 그래서 자기 묵상이 매우 중요합니다. 혹시 전이 현상 때문에 다른 사람과의 관계를 불편하게 하는 것은 아닌지 생각해 봐야 합니다.

안전한 환경을 만드는 데 있어서 중요한 또 한 가지는 "쉽게 다가갈 수 있는 친근한 교사가 되어야 하지만 만만한 교사가 되어선 안 된다"는 것입니다. 즉 아이들에게 사랑을 주되 원칙은 명확하게 정해 주는 강한 사랑(tough love)을 할 수 있어야 합니다. 그러려면 예스와 노가 명확해야 합니다. 원칙과 사랑이 조화를 이룰 때 아이들은 눈부시게 성장합니다.

앞서 소개했던 카나모리 선생님의 일화를 하나 더 소개하고자 합니다.

4학년 1학기 중간인 6월 즈음, 다소 골치 아픈 문제가 생겼습니다. 왕따 문제입니다. 이 문제는 반드시 해결해야만 합니다. 왕따 주동자들은 피해 학생들의 성적을 가지고 놀리며 이상한 이야기를 지어 냈습니다. 그들의 행동은 폭력적이고 잔혹해서 카나모리 선생님은 이 문제를 토론에 붙여 그런 행위가 당장 없어지도록 할 계획을 세웠습니다. 왕따는 사람을 완전히 망쳐 놓는 악한 것이기 때문입니다.

선생님은 칠판에 크게 "내 마음속에 품고 있는 친구에 대한 나쁜 생각"이라는 제목을 썼습니다.

"누군가를 놀리면, 그 사람은 더 이상 친구가 아니죠. 친구는 서로를 조롱하지 않아요. 그건 친구가 할 짓이 아니거든요. 마음속에서 친구를 생각해 보세요. 여러분이 왜 그들을 괴롭혔는가? 오늘은 이 문제를 다룰 것입니다."

듣기 좋은 말만 하는 것은 이 수업의 목표가 아닙니다. 카나모리 선생님은 왕따 주동자들이 자기 잘못을 반성하기를 바라고 있습니다.


**남자아이** 공부를 열심히 하는 아이라고 괴롭혀서는 안 돼요.

**여자아이 1** 이런 말을 하는 아이가 있었어요. 이를테면 "날 건드리면 보복을 받게 될 거야"라는 식의 말이요. 그런데 그 말은 멋있거나 재미있게 들리지 않았어요.

오히려 나쁜 말이라고 생각해요.

아이들의 말을 듣다가 카나모리 선생님이 답답해서 입을 열었습니다.

"이런저런 좋은 말로 너희가 숨기고 싶어 하는 게 뭘까? 너희는 모두 좋은 애들이라는 얘기지? 여러 가지를 말했지만, 정작 무엇이 빠졌을까? 너희는 남 탓만 하지, 자기를 돌아볼 줄은 모르지 않니? '내가 잘못했어' 하고 말한 사람이 아직 아무도 없구나. 말로는 다 좋지. 그런데 가엾은 친구를 보고도 비웃기만 했지? '좀 씻고 다녀!'라는 말도 했지? 그렇지 않으면 듣고서 여기저기 소문을 냈지? 너희는 모두 편지를 쓰지만, 왕따를 그만두라고 쓴 적은 단 한 번도 없구나."

카나모리 선생님이 이번만큼은 문제를 완전히 뿌리 뽑으려고 아이들에게 압박했습니다. 토의가 거듭되자 드디어 진실이 하나씩 드러나기 시작했습니다.

**여자아이 2**  누가 막아 줬으면 좋겠다고 생각했어요. 그러면서도 나도 소문을 퍼뜨렸어요. 나쁜 소문을 듣고 다른 친구한테 말해 줬어요. 지금이라도 사과하고 싶어요. 여태 힘든 시간을 보내지 않아서, 뭐가 잘못되었는지 몰랐어요. 내가 잘못했어요.

**여자아이 3**  그 애를 무시하고 나쁜 말만 했어요. 그게 잘못인 줄 몰랐어요. 걔가 아닌 제가 못된 아이였어요. 우리는 행복해지려고 학교에 온다고 말하지만, 정작 그 애에게는 행복을 주지 않았어요.

토론은 점심시간까지 이어졌습니다. 마침내 왕따 사건의 주동자 중 하나인 아야미가 일어나서 자기가 옛날에 당했던 일을 떠올리며 잘못을 뉘우쳤습니다.

"유치원에 다닐 때 아이들이 내게 '너한테서 고약한 냄새가 난다'고 놀려 댔어요. 언제나 그런 식으로 말했죠. 그래서 왕따를 당하는 애가 얼마나 힘들지 알면서도 내가 유치원에서 당했던 생각이 자꾸 나서, 애들이 또 나를 괴롭힐까 봐 무서워서 그랬어요."

아야미는 괴롭힘이 얼마나 괴로운지 알고 있었습니다. 자신이 조롱거리가 되는 것이 두려워서 자기를 대신할 놀림감을 찾아냈던 것입니다. 그 사실을 고백하며 진심으로 뉘우쳤습니다. 그 말을 기다렸던 선생님은 아야미도 힘들었다는 사실을 알려 줍니다.

"바로 이거다. 괴롭히는 아야미도 힘들고 고통스러웠다. 아야미, 이젠 됐다. 네가 한 일을 자꾸 떠올리지 말거라."

카나모리 선생님은 "괴롭히는 사람이나 괴롭힘을 당하는 사람이나 모두가 약한 존재라는 교훈"을 주었습니다.

## 엄격한 왕따 금지 원칙을 세우라

학교는 안전한 환경을 만들기 위해서 반드시 세 가지 오리엔테이션을 준비해야 합니다. 학생 오리엔테이션과 학부모 또는 양육자를 위한 오리엔테이션, 그리고 교사 오리엔테이션입니다.

효과가 얼마나 있을까 반신반의하는 분도 있을 것입니다. 한 연구 결과에 따르면, 어느 학교에서 신입생들에게 "우리 학교는 왕따 청정구역"이라고 선포했습니다. 학교의 강한 의지를 천명한 것입니다. 그리고 구체적인 가이드라인까지 제시해 주었습니다. 학생들에게는 막연히 왕따는 절대 안 된다고 말해서는 소용이 없습니다. 어떤 것이 왕따 행위인지를 구체적으로 알려 주어야 합니다.

예를 들어, 다른 사람에게 냄새 난다고 말하지 않기, 욕하지 않기, 어떤 경우에도 폭력을 쓰지 않기, 친구끼리 돈을 주고 심부름시키지 않기 등 여러 항목을 적어서 교장선생님이 권위를 갖고 전교생과 학부모와 양육자 앞에서 선포했다고 합니다. 결과가 어땠을까요? 한번 선포한 이후에 놀랍게도 학교 분위기가 달라졌다고 합니다.

물론 선포만으로는 부족합니다. 학생들이 모일 때마다, 유사한 사건이 있을 때마다 엄중하게 원칙을 알려 주고 지키도록 독려해야 합니다. 잘하고 있으면 칭찬하고, 잘 못하는 것이 있으면 샌드위치 이펙트로 지적해 주어야 합니다.

"금지된 일을 하려는 친구들이 있다는 소리를 들었다. 다시 한번 애기하지만 우리 학교는 절대 그것을 용납하지 않는다. 이 원칙을 어기면 심각한 상황이 벌어질 것이다."

틈나는 대로 왕따 근절에 대한 이야기를 들려주어야 합니다. 수업 중에도 생명의 소중함을 가르치고, 우리가 왜 서로를 돌봐야 하는지를 자연스럽게 얘기하면서 삶의 원칙과 자연스럽게 연결시켜야 합니다. 학생들은 학교의 원칙들이 자신들의 삶과는 동떨어져 있다고 느낍니다. 그것을 연결하는 것은 선생님의 몫입니다. 책 속의 정보와 학교생활의 원칙이 아이들의 삶으로 들어가도록 해 주어야 합니다.


## 교사의 변덕과 무관심이 왕따 학생을 낳는다?

그렇게 해도 왕따 문제가 생기는 경우가 있지요. 사실 왕따를 당하는 학생들을 보면 당할 만한 어떤 요인을 가지고 있습니다. 마치 얼굴에 "나 좀 괴롭혀 주세요"라고 쓴 것처럼 다른 아이들에게 거슬리는 뭔가를 가지고 있는 경우가 많습니다.

그러니까 누군가가 그 원인을 고쳐 주어야 하는데, 대개 이런 아이들은 대인관계 능력이 거의 바닥 수준입니다. 누군가에게 인정은 받고 싶은데 쳐다봐 주지를 않으니까 이상한 방법으로 주목을 끌려고 하는 것입니다. 그런 아이들에게는 전문 상담사가 필요합니다. 선생님은 맡고 있는 아이들도 많고 시간도 없기 때문에 문제 아이 하나에게 집중할 에너지가 없기 때문입니다. 그래서 이런 아이들은 전문 상담사들을 통해 대인관계 능력을 기르도록 도와야 합니다. 선생님은 이런 아이들을 찾아내어 도움을 주는 통로 역할을 해야 합니다.

왕따 문제에 무심한 선생님은 어떤 행동을 할까요? 기본적으로 학생들에게 관심이 없고 돌볼 의지도 없습니다. 자기 취미생활 하기에 바쁩니다. 조회 시간에 얼굴도 비추지 않는 담임선생님이 어떻게 학생들에게 훈계할 수 있겠습니까? "공부해라, 친구들끼리 관심을 갖고 친하게 지내라"하고 말할 수 있나요? 선생님의 무관심이 왕따를 만든다는 사실을 기억해야 합니다.

또 왕따 문제를 일으키는 원인 중 하나가 바로 교사의 변덕임을 명심하십시오. 기분에 따라 어떤 날은 혼내고 또 어떤 날은 그냥 넘어갑니다. 피곤하고 귀찮으면 그냥 못 본 체 합니다. 학생들은 선생님의 일관성 없는 반응에 갈피를 잡지 못하고 눈치를 보며 짜증을 내기 시작합니다. 그 바람에 주변에 있는 친구들을 괴롭히기 시작합니다. 왕따가 탄생하는 것입니다.


## "이해한다"는 말 대신 "아팠겠구나" 라고 말하라

교사가 안전한 환경을 만들 수 있는 방법이 또 한 가지 있습니다. 학생들의 감정을 인정하고 수용해 주는 것입니다. 만일 선생님이 학생의 감정을 인정하지 않고 무시해 버린다면 학생은 더 이상 선생님에게 솔직하게 얘기하지 않고 자신의 감정을 드러내지 않습니다.

교사는 학생의 감정에 공감해 주고 위로해 주어야 합니다. 그러고 나서 전체 상황을 볼 수 있도록 이해시키고, 다른 학생의 반응을 예로 들어 주면서 앞으로의 상황에 대비할 수 있도록 조언해 주어야 합니다. 하지만 그 상황에서 "선생님은 네 마음을 다 이해해"라고 말하지는 마세요. 학생과 살아온 삶이 다르기 때문에 이해한다는 말은 거짓이 될 수 있습니다.

우리는 힘들어하는 사람들에게 이해한다는 말을 쉽게 건넵니다. "어, 나도 알아. 나한테도 그런 일이 있었어." 이렇게 말하는 사람이 많습니다. 그러나 그것은 큰 실수입니다. 지금 학생이 자기 얘기를 하려고 하는데 선생님이 번번이 그의 이야기를 듣는 대신에 자기 이야기로 바꾸는 것입니다. 그러면서 공감한다고 말한다면 학생 입장에서는 답답할 뿐이지요. 그것은 공감도 아니고 인정도 아닙니다.

미국에서 만났던 13세 소녀가 있습니다. 당시 보호 기관에 있었는데 거의 매일 혼나는 아이였습니다. 다른 아이들을 위협하는 공격적인 행동을 하고 폭력을 일삼는 아이로 보였기 때문입니다. 보호 기관의 선생님들 능력으로는 그 아이의 상태를 더 이상 돌이킬 수 없다고 결론 내리고 전문 상담을 신청한 것입니다. 그때부터 일주일에 세 번씩 일년간 그 아이를 만났습니다. 한 번 가면 6시간씩 아이와 마주 앉아 있었습니다. 첫 두 달 동안은 저를 쳐다보지도 않았지요. 하지만 저는 이런

저런 말로 아이가 제게 반응을 보이기를 기다리며 인내했습니다.

　그러던 어느 날, 거짓말처럼 아이가 마음의 문을 열고 다가왔는데 그 결정적인 계기가 된 것이 바로 이 말 때문이었습니다.

　"너, 이제 보니 화를 낼 이유가 아주 많았구나. 네 이야기를 듣고 보니 네가 화를 내는 게 당연하다는 생각이 든다. 너 같은 상황에서 만약에 화도 안 내고 우울증도 없이 남을 믿어 주는 아이라면 나는 더 걱정됐을 거야."

　알고 보니 그 아이에게는 엄청난 과거가 있었는데, 어떤 정상인이라도 그런 경험을 했다면 내면이 화로 가득 찼을 것입니다. 그 아이가 화로 반응한 것은 지극히 정상적이었고, 그렇게 화를 밖으로 분출하는 것이 오히려 건강한 증거라고 말해 주었습니다. 그 말을 한 순간 아이는 믿기지 않는다는 듯 놀라면서 제 말에 반응을 보였습니다. 그 소녀는 태어나서 처음으로 자기가 정상이라는 말을 들었다고 했습니다.

　상처 받은 아이에게 "너는 항상 착해야 하고 남을 배려해야 한다"고 말해 보세요. 아이는 그럴 힘이 없습니다. 슬픔과 외로움을 이기며 겨우 버티고 있는 아이에게 남을 배려하라고 하는 것은 상처 받은 아이를 두 번 죽이는 것과 같습니다.

　곧 죽을 것처럼 아픈 아이에게는 무엇보다도 위로와 보호가 절실히 필요합니다. 그런데 아무도 필요한 것을 주지 않으니까 폭력적인 방법으로라도 스스로를 보호하려고 했던 것이지요. 그럴 힘마저 없는 아이들은 스스로 목숨을 끊기도 합니다.

아이는 그로부터 얼마 지나지 않아 사랑스러운 소녀로 돌아왔습니다. 어느덧 일 년이 흘렀고 헤어질 때가 되었습니다. 마지막으로 만나 식사를 하면서 소녀에게 물었습니다.

"무엇이 네 마음의 문을 열게 했는지 궁금하구나."

사실 그 아이는 제게 엄청난 저항을 했습니다. 저를 때리기도 하고 뾰족한 연필을 들고 달려들기도 했습니다. 언젠가는 오물을 싸서 제게 던진 적도 있었죠. 그렇게 저를 안 만나려고 온갖 방법을 다 동원해서 도망 다니던 아이가 어떻게 제게 마음 문을 열게 되었는지가 궁금했습니다. 아이의 대답은 간단했습니다.

"선생님은 늘 다시 절 찾아왔어요( You always came back )."

그 순간, 부끄러움과 전율이 동시에 느껴졌습니다. 큰 기대를 한 것은 아니지만, 그래도 나의 어떤 특별한 능력 때문에 아이의 마음이 움직인 것은 아닌가 하는 생각도 없지 않았기 때문입니다. 만일 그런 게 있다면 알고 싶었던 것이지요. 그런데 감당할 수 없는 상처로 어른과 세상을 향해 닫힌 한 아이의 마음을 연 것은, 다름 아닌 포기하지 않는 태도였습니다. 한 사람을 돌봐 주는 단 한 명의 어른(one caring adult)이 얼마나 소중한지를 충격적으로 체험하게 되었습니다.

아이는 사랑을 받으면 정말 믿기지 않을 만큼 빨리 잃어버렸던 원래의 모습을 회복합니다. 그 과정에서 필요한 것은 특별한 재능이나 아이디어가 아니라 늘 아이 곁에 있어 주는 것, 따뜻한 시선으로 바라봐 주는 것, 끝까지 믿어 주는 것입니다. 학교가 학생들에게 그런 곳이라면,

선생님과 친구들이 아이에게 그런 존재라면 이 땅에서 왕따의 비극은
사라질 것입니다.

# 17

## 건강한 정서를 키우라
## "지성보다 감성을 키우는 법"

작지만 큰일을 해낸 스테이시와 잭의 이야기를 소개합니다.

어느 날 샌프란시스코에 사는 초등학교 1학년인 스테이시는 노숙자를 위한 '푸드뱅크'의 음식이 다 떨어졌다는 소식을 들었습니다. 그때부터 스테이시는 집집마다 다니면서 통조림을 얻어다가 노숙자에게 전달해서 총 1만 6,000명을 먹이는 큰일을 해냈습니다. 이 소식을 들은 유명 치킨 회사 타이슨즈가 푸드뱅크에 어마어마한 양의 치킨을 기증하기로 했습니다. 다시는 음식이 떨어질 일이 없어진 것입니다.

어린 스테이시가 어떻게 이런 큰일을 해낼 수 있었을까요? 아이는 이렇게 답했습니다.

"선생님께서 각자 사회에 도움이 될 프로젝트를 하나씩 생각해 오라고 하셨는데, 마침 푸드뱅크에 음식이 떨어졌다는 뉴스를 보고 학교 숙제로 시작했을 뿐이에요."

이 엄청난 일의 시작은 바로 초등학교 담임선생님이었습니다.

또 잭이라는 아이가 있습니다. 잭이 6세였을 때 루이지애나 주에 허리케인이 상륙했습니다. 이재민이 발생했고 물과 양말, 속옷 같은 것들이 긴급하게 필요하다는 소식을 듣고 빨간 손수레를 끌고 다니면서 물병을 모으고, 배낭을 메고 다니면서 양말과 속옷을 기증받아 이재민에게 보내기 시작했는데 그 양이 상당했습니다.

잭은 9세가 되자 엄마의 도움을 받아 '빨간 손수레 재단'(Red Wagon Foundation)을 설립했고 지금까지 운영하고 있습니다. 일하는 방법도 감동적입니다. 플로리다 집에서 LA까지 걸어가면서 동참할 사람들을 구하는 방식으로 재단을 이끌어 가고 있습니다.

어떻게 여섯 살배기 어린이가 이렇게 큰일을 생각할 수 있었을까요? 잭은 어렸을 때부터 부모님이 주말마다 봉사 활동을 하시는 것을 보고 자란 덕분에 누군가를 돕는 일이 아주 자연스럽고 당연한 일로 여겨졌다고 합니다.

다재다능하고 성적이 우수한 학생과 성적이 우수하지는 않지만 스테이시와 잭처럼 작은 아이디어를 실천하여 사회에 기여할 줄 아는 학생이 있다고 합시다. 만약에 명문대에서 학생을 선발한다면 어떤 학생을 뽑을까요? 또 기업체에서 직원을 뽑는다면 어떤 사람을 뽑을까요?

저는 당연히 스테이시나 잭을 뽑을 것이라고 생각합니다. 사회를 움직이는 힘은 책상머리에서 나오지 않기 때문입니다. 삶 속에서 이웃과 정서적으로 공감대를 형성하며 실천을 통해 실제적인 도움을 주는 능력은 그만큼 특별합니다.


## 정서를 건강하게 키우라

스테이시나 잭은 다른 사람의 문제를 내 문제로 생각할 수 있는 정서가 발달한 어린이들입니다. 정서적으로 건강한 아이들로 키우려면 먼저 대하는 방식부터 바꾸어야 합니다. "숙제 다했니?" "시험은 잘 봤어?" 같은 질문이 감성을 건강하게 키울 리가 없지요. 대신에 "그 상황에서 네 느낌은 어땠니?" "오늘 학교에서 힘든 점은 없었어?" 하고 물어야 합니다. 결과를 묻는 것이 아니라 진행 과정에서 느끼고 경험한 것들을 생각하고 정리하게끔 하는 질문들이 정서를 건강하게 만듭니다.

만약에 종례 시간에 선생님이 학생들에게 이런 식의 질문들을 한다면 어떤 반응이 나올까요? 시험 잘 봤느냐고 묻는 대신에 "오늘 새로 오신 체육 선생님, 첫인상이 어땠니?" 하고 묻는다면 평소에 묵묵부답인 아이들이 앞다투어 자기 느낌을 말하느라고 난리가 날 것입니다. 그 과정에서 학생들 간에 서로의 느낌과 생각이 어떻게 다르고 어떻게 같은지를 알게 되고, 한 대상을 향한 자기만의 단편적인 생각에서 벗어나 보다 객관적이고 구체적인 정보를 갖게 됩니다. 선생님의 질문 한마디가 학생들에게 공감대를 만들어 주고, 새로운 대상을 향한 친근감을 부여해 주는 것입니다.

"오늘 있었던 일 중에 가장 기억에 남는 것은?" "만약에 오늘을 다시 살 수 있다면 꼭 다시 하고 싶은 것은?" 이런 질문을 통해 자신의 삶을 되돌아보게 하는 것도 좋습니다. 이런 과정을 프로세싱(processing)이라고 하는데, 이것은 종례 시간 10분 동안에 충분히 진행할 수 있습니다. 학생들을 그냥 집에 보낼 것이 아니라 하루를 돌아보고 미래를 바라볼 수 있도록 돕는 것이 필요합니다.

그런데 가정은 물론 학교에서도 아이들이 자신의 감성을 충분히 표현하거나 자극을 받을 수 있는 시간적 여유가 없는 것이 현실입니다. 사정이 그렇다 보니 감성을 표현하는 데에 서툴러서 표현 방식에 문제가 생기는 경우가 많습니다. 그러면 어른들에게 혼이 나거나 친구들에게 왕따를 당하곤 합니다. 지적 능력이 탁월함에도 불구하고 감성적인 표현이 미숙하기 때문에 인간관계에서 어려움을 겪는 것입니다. 만일 감성을 무시하고 지적 성장만 강요한다면 아이를 행복이 아닌 불행의 길로 인도하는 것입니다.

## 괴테와 괴벨스

괴테와 괴벨스는 특별히 언어 지능이 발달한 천재라는 공통점이 있습니다. 말로 다른 사람들을 설득하는 능력이 탁월했습니다. 그러나 도덕 지능에서 확연히 차이를 보였는데, 그 한 가지 차이가 두 사람의 인생을 완전히 다르게 만들었습니다.

널리 알려진 대로 괴벨스는 히틀러의 게르만 우월주의를 완성시켜 준 희대의 궤변가입니다. "거짓말을 하려거든 가장 큰 거짓말을 하라"는 말로 유명한 그는, 자신이 했던 말처럼 탁월한 두뇌와 천부적인 언어 지능을 거짓말과 선동의 정치를 위해 사용했습니다. 그가 쓴 히틀러의 연설문은 수많은 청년들을 전쟁터로 내몰았고, 결국 독일 역사상 가장 수치스럽고 암울한 시대를 만들고 말았습니다.

반면 괴테는 소설과 시를 통해 많은 사람들에게 희망과 사랑의 힘을 전했고, 결국 세계사에 길이 남을 위대한 문학가로 기록되었습니다.

괴벨스나 히틀러는 왜 그런 끔찍한 인생길을 걷게 되었을까요? 두 사람 모두 불행한 어린 시절을 보냈다는 공통점이 있습니다. 즉 감성 표현을 억압받으며 성장했다는 뜻입니다.

2007년 버지니아 공대에서 조승희 총기 난사 사건이 있은 지 얼마 뒤에 그곳에 갔을 때 학생들의 희생을 기리는 기념 공원이 조성되어 있었습니다. 그곳에서 매우 감동적인 것을 발견했습니다. 당시 32명의 희생자를 기리는 32개의 기념비 옆에 33번째 기념비가 세워졌는데 바로 조승희를 위한 기념비였습니다. 거기에는 이런 내용의 글이 쓰여 있었습니다.

"너 혼자 힘들었을 텐데, 오랫동안 혼자서 많이도 아팠을 텐데, 우리가 몰라주어서 정말 미안하다. 네가 그렇게 외로워했을 때 알아주지 않아서 정말 미안하다. 너를 도와주지 못한 우리를 용서해 줄래?"

버지니아 공대 학생들의 마음이 정말 고맙고 감동적이었습니다. 그들은 조승희를 희대의 살인마로만 보지 않고 피해자로 보고 있었습니다.

어쩌면 우리 주변에도 조승희와 같은 아이들이 많을지도 모릅니다. 남들과 똑같거나 더 높아지도록 강요당하는 사회에서 자기가 원하는 것, 자기가 꿈꾸는 것, 자기가 느낀 것에 대해서 한마디도 말할 수 없고, 소통할 대상이 없는 학생들이 많습니다.

그러나 교사에게는 그들의 인생을 바꿔 줄 수 있는 영향력이 있습니다. 충분히 예방할 수 있습니다. 하지만 그 놀라운 영향력을 무시한 채 교사가 엉뚱한 것에 시선을 빼앗기는 순간 예방할 수 있는 기회는 멀리 날아갑니다. 아이들이 선생님의 교실을 떠나는 순간 외톨이가 될 수 있습니다. 어디서도 도움을 받을 곳이 없습니다. 특히 8세부터 19세까지의 어린이와 청소년들에게는 그들을 관찰할 시간과 기회가 가장 많은 어른이 있게 마련입니다. 바로 당신과 저, 선생님입니다. 이 사실을 잊지 마십시오.

# SELF-ESTEEM

**Part 4** 교실 속 상처를 보듬어 주는 법

# 18
# 상처를 보듬어 주는 공간,
# 학교

앞에서 소개한 카나모리 선생님 반에 츠바사라는 아이의 아버지가 갑자기 세상을 떠나게 되었습니다. 카나모리 선생님은 죽음이라는 무거운 주제를 회피하지 않고 반 아이들에게 있는 그대로 전해 주었습니다. 그리고 죽음이 무엇인지 생각할 수 있는 여지를 주었습니다.

"살다 보면 예상치 못한 일들이 일어난다. 삶은 불확실한 것이다."

아이들은 선생님의 말씀을 듣고 죽음이란 예고 없이 찾아오는 삶의 일부임을 깨닫습니다. 친구 츠바사의 슬픔에 공감하며 힘내라는 진심 어린 편지를 씁니다.

"너를 생각할 때마다 나도 눈물이 난다."
"내가 도울 일이 있으면 무엇이든 말해"

초등학교 4학년인 아이들은 친구의 슬픔을 진심으로 위로하는 마음을 가졌습니다.

죽음은 누구나 겪는 일입니다. 반 학생의 가족이 죽었을 경우, 선생님으로서 어떤 모습을 보여 주었는지 떠올려 보십시오. 상을 당한 학생에게는 어떻게 위로했고, 또 반 학생들에게는 그 슬픔을 어떻게 전해 주었습니까?

삶과 죽음에 대해서 아직 깊게 생각해 본 적이 없는 학생들에게 죽음에 관해 설명하고 생각할 공간을 마련해 주는 일은 결코 쉽지 않습니다. 그럼에도 불구하고 최선의 방법을 찾아서 학생들과 죽음에 관한 이야기를 하고 학생들이 부정적인 생각을 갖거나 절망하지 않도록 생각을 정리할 기회를 만들어 주어야 합니다.

특히 교사나 학생 모두가 잘 알고 있는 사람이 죽었을 경우에는 반드시 아이들에게 이에 대해 생각하고 대화할 수 있는 공간을 만들어 주어야 합니다. 그냥 넘어가서는 절대로 안 됩니다. 이런 기회를 통해서 아이들은 죽음이란 순간을 만났을 때 어떻게 대처해야 할지를 배웁니다.

미국에서 세미나 강연 차 남자고등학교를 방문한 적이 있는데 전교생이 넥타이를 매고 있는 것이었습니다. 교복을 입어도 넥타이까지 매는 학교는 본 적이 없었습니다. 그래서 원래 학교 규정상 넥타이를 매도록 되어 있는 것인지 물었습니다.

알고 보니 바로 전날 그 학교에서 30년 동안 재직하셨던 선생님이 오랜 투병 끝에 돌아가셨던 것입니다. 그래서 학생들이 추모 예배에 참석하기 위해서 고인이 된 선생님을 기리는 마음으로 자발적으로 넥타이를 매고 온 것이었습니다. 넥타이를 매는 것은 사랑하는 선생님께 바치는 존경의 표시라고 합니다.

그런 상황에서 세미나를 잘 진행할 수 있을지 의문이었습니다. 그렇지 않아도 교장선생님이 학생들에게 세미나 개최 여부에 대해서 물었더니 "돌아가신 선생님은 우리가 계속 열심히 공부하고 학교생활에 지장 없이 참여하는 것을 원하셨을 거예요. 선생님은 그런 분이니까요. 그러니 계획대로 진행하는 것이 좋을 것 같습니다" 하고 대답하더랍니다.

학교는 선생님의 죽음이라는 비극을 학생들에게 솔직하게 공개하고, 함께 슬퍼할 수 있는 공간을 마련해 주었습니다. 뿐만 아니라 행사 진행에 대해 학생들의 의견을 듣고 그대로 따라 주었습니다. 이것이 바로 참된 교육 아닐까요?

## 학교에도 상처를 치유할 공간이 필요하다

큰 사건이나 불행이 벌어졌을 경우에는 반드시 학생들에게 정보를 공개하고 그 일에 대해 생각하고 이야기할 수 있는 안전한 공간을 마련해 줘야 합니다. 9.11 테러 사건이 있은 후에 이 일에 대해서 생각하고 이야기할 수 있는 기회를 가졌던 학생들은 별다른 어려움 없이 사건을 이해하고 넘어갈 수 있었지만, 그런 기회를 갖지 못한 학생들은 그 후로도 계속 악몽과 후유증에 시달렸습니다.

이것을 외상 후 스트레스 장애(Post Traumatic Stress Disorder, PTSD)라고 합니다. 충격을 받았을 때 잘 처리하지 못하면 몸과 정신이 병듭니다. 악몽을 꾸거나 식욕을 상실하고 외출을 못하는 경우도 있습니다. 모두 PTSD 증상입니다.

우리 사회에서는 아직도 정신과 상담을 받으면 정신병자로 낙인찍힌다고 생각합니다. 여기에 체면 문화까지 더해져 속마음을 밝히는 것을 상당히 꺼립니다. 특히 가족사는 마치 자신의 치부를 감추듯 공개하기 싫어합니다. 문제가 생겨도 가족 안에서 해결하려는 경향이 강합니다. 그러나 한계에 부딪힐 때에는 전문가의 도움을 받아야 합니다.

미국에서 한때 초킹게임(choking game)이란 것이 크게 유행했습니다. 기절놀이 또는 질식게임이라고도 하는데, 숨이 넘어가기 직전에야 조인 것을 풀어 주는, 굉장히 위험한 놀이입니다. 그럼에도 불구하고 아이들은 이 놀이를 하며 스릴을 즐겼습니다. 결국 사망자가 발생하기도 했습니다.

하버드대학교 근처에 있는 한 사립초등학교에서 이런 사건이 발생했습니다. 학부모들이 크게 분노하며 학교 측에 책임을 물었고, 언론에서도 학교를 맹비난했습니다. 무엇보다 초킹게임을 하다가 친구를 죽인 학생들이 외상 후 스트레스 장애에 시달렸고 교사들은 죄책감에 시달렸습니다. 그때 학교 측에는 문제를 축소하지 않고 현명하게 대처했습니다. 그중 하나가 후유증을 치료받을 수 있는 공간을 마련한 것입니다. 외부에서 전문 상담자 5명을 초빙해 상담실을 개설하고 교사, 학생, 학부모에게 광고했습니다.

"상담사와 이야기를 나누고 싶은 사람은 누구나 언제든지 선생님께 얘기하고 상담실을 방문해도 좋습니다."

학교에 속한 사람은 누구나 상담과 치료를 받을 수 있는 기회를 열어 주고 접근성을 높여 준 것입니다. 그런 공간이 있으니까 후유증을 앓고 있던 학생들과 학부모들, 선생님들이 와서 상담을 받으며 함께 슬픔을 나누고 책임을 통감했습니다.

우리나라 학교에도 이런 공간이 필요합니다. 학생들이 어려운 문제가 생겼다고 제 발로 선생님을 찾아와 상담하는 경우가 얼마나 되나요? 거의 없습니다. 왜 그럴까요? 아이들은 어른들이 자기 때문에 불편해할까 봐 말을 하지 않습니다. 혼자 끙끙 앓다가 문제를 더 키우기만 합니다. 이런 아이들을 어떻게 도울 수 있을까요?

츠바사의 아버지가 돌아가신 후의 일을 다시 생각해 보겠습니다. 츠바사처럼 친구들의 따뜻한 위로와 든든한 선생님이 계신 경우에라도 아이가 학교에 다시 돌아왔을 때는 이전과 똑같을 수가 없습니다. 일단 집안 분위기가 많이 달라졌을 것이고 아이의 마음에도 슬픔과 불안이 가득할 것입니다. 자기 문제에 골몰하다 보면 자연스레 친구들과의 관계와 학업에도 소홀해질 수밖에 없습니다.

츠바사에게 당장 필요한 게 무엇일까요? 슬픔과 스트레스를 내려놓고 쉴 수 있는 안전한 공간입니다. 실컷 울고, 믿고 털어놓을 수 있는 어른이 곁에 있어야 합니다. 그렇게 해서 무거운 짐을 내려놓아야 다시 일상으로 돌아갈 수 있습니다.

# 19

## 고립된 학생을 회복시키는
# 스킬

외로운 아이, 어려움에 처한 아이, 또는 충격을 받은 아이를 위해 선생님만이 할 수 있는 일들이 몇 가지 있습니다.

먼저 **링킹**(linking)은 평소에 반 학생들의 개별 특성을 유심히 봐 두었다가 서로 기질이 다른 아이들, 함께하면 도움이 될 만한 아이들을 연결해 주는 것입니다. 또 어려움에 처한 아이에게는 비슷한 어려움을 가진 아이를 연결해 주어 세상에서 고립된 듯한 느낌을 이기게 돕습니다. 이것은 "우리는 혼자가 아니라 다 같이 연결되어 있다" "이 세상은 나 혼자 사는 게 아니다. 그래서 다른 사람을 이해해야 한다"는 메시지를 줍니다.

링킹은 아이들이 자신만의 틀, 자신만의 세계에서 벗어나는 데 매우 유용합니다. 연결을 하기 위해서는 평소에 관찰을 잘해야 합니다. 그래서 선생님만 가능하다는 것입니다. 아이의 일상은 부모보다 오히려 선생님이 더 자세히 객관적으로 볼 수 있기 때문입니다.

둘째, **노멀라이징**(normalizing)은 학생이 지금 경험하고 느끼는 것들이 지극히 정상적임을 알려 주어서 당황하지 않고 긍정적으로 수용할 수 있도록 돕는 것입니다.

"선생님, 저는 여학생인데 키가 너무 커서 남자아이들을 다 내려다 봐요. 왜 저만 이렇게 키가 클까요?"

초등학교 5, 6학년이나 중학교 여학생들이 많이 하는 고민이죠. 이 시기에는 여학생이 남학생보다 성장이 약 2년 정도 앞선다고 합니다.

이 여학생에게 어떤 말을 해 주면 좋을까요? "그래, 내가 봐도 너는 너무 큰 것 같아. 그러니까 우유 좀 그만 마셔라"같은 농담은 절대 금물입니다. 먼저 학생이 느끼는 당혹감을 인정하고 이해해 주어야 합니다. "그래, 많이 불편하겠구나" 하고 샌드위치 이펙트 방식으로 대화를 이끌어가다가 "지금 네 나이 때는 다른 사람과 다르다는 게 마음이 불편하고 상처가 되기도 한단다" 하고 그 감정이 타당함을 일러 주세요. 이것을 타당화(validating)라고 합니다. 그러고 나서 차근차근 설명해 줍니다.

"성장기에는 여자아이들이 남자아이들보다 정신적인 면에서나 신체적인 면에서 훨씬 빨리 성장하는데, 너뿐만 아니라 다른 여학생들도 마찬가지야. 지극히 정상적이란 얘기지. 지금은 네가 제일 클 수도 있지만 다른 친구들이 자라는 것을 한번 지켜볼까? 아마 놀랄 정도로 쑥쑥 클 걸?"

학생이 겪고 있는 변화가 실은 지극히 정상적인 과정임을 설명해 주고 혼자만 외롭게 겪는 일이 아님을 일깨워야 합니다. 선생님이 알아야 할 것은 이 시기의 학생들에게는 다른 친구들과 달라 보이는 것만큼 큰 스트레스가 없다는 점입니다.

셋째, **리플렉팅**(reflecting)은 본래 거울에 비춰 본다는 뜻이지만, 교육학적으로는 대화 중에 학생이 말하는 내용을 듣고 그 마음을 선생님이 거울처럼 비춰 주어서 핵심을 끄집어내도록 하는 것입니다.

예를 들어, 학생이 선생님에게 "내 친구가 나를 속이고 이용했어요"라고 말했습니다. 이럴 때 "친구가 그러면 쓰나?" 또는 "친구가 그런 짓을 했구나" 하고 쉽게 얘기할 수 있습니다. 그러나 학생의 이야기의 핵심은 친구가 그런 행동을 해서 상처를 받아 마음이 아프다는 것입니다. 따라서 "친구가 너를 배신해서 네가 지금 많이 속상하겠구나" 하고 마음을 읽어 주는 것이 필요합니다. 이것이 바로 리플렉팅입니다. 상대방의 마음을 거울처럼 비춰 보여 주는 것입니다.

학생과 대화할 때 이것들을 유념하면 큰 도움이 될 것입니다. 대화에서 가장 중요한 기술이기 때문입니다. 다른 사람의 심정을 알아주는 것이 그만큼 중요한 것입니다.

# 20

## 대화할 때 유용한
## 솔러 경청법

경청만 잘해도 학생을 살릴 수 있습니다. '경청' 하면 떠오르는 분이 KBS 〈아침마당〉의 이금희, 김재원 아나운서입니다. 〈아침마당〉은 생방송으로 진행하는 프로그램이기 때문에 자칫하면 출연자들이 긴장할 수 있고 그 시간이 악몽이 될 수도 있습니다. 저도 출연한 적이 있는데 방송 시작 전에 살짝 긴장이 되었습니다. 그런데 김재원 아나운서가 그냥 동네 사람들이랑 커피 한잔 마시고 간다고 생각하라며 제게 조언해 주었습니다.

방송 시작 후 한 5분 정도 말한 것 같은데 30분이 훌쩍 지나서 방송이 끝나 버렸습니다. 무슨 일이 일어난 걸까요? 이금희, 김재원 아나운서가 경청을 잘 해 주셔서 긴장하지 않고 술술 이야기를 할 수 있었던 것이죠. 정말 언니 오빠랑 커피 한잔 마시고 온 것 같은 기분이었습니다. 경청은 그런 힘이 있습니다.

학생과 이야기할 때 취해야 할 경청 자세를 알려주는 솔러(SOLER) 기법이 있습니다. 이 솔러 자세는 특히 상담자들에게 많이 가르치고 있습니다. 선생님도 학생들에게는 상담자와 다름이 없습니다. 그래서 이 솔러 자세를 알아 두고 아이들과 대화할 때 실천하면 좋습니다.

SOLER는 5가지 단어의 첫머리를 딴 약자입니다. 각각을 살펴보겠습니다.

**먼저 S는 '똑바로, 정면으로'라는 뜻의 단어, squarely의 약자입니다.** 상담자는 내담자를 정면으로 바라보고 앉아 온몸으로 경청하는 자세를 취해야 합니다. 상담의 기본은 들음입니다. 학생이 '아, 선생님이 내 말을 듣고 싶어 하는구나' 하고 느낄 수 있도록 해야 합니다.

**O는 '열린 자세'를 뜻하는 open posture의 약자입니다.** 강의할 때 청중의 자세를 보고 기분이 나빠질 때가 있습니다. 팔을 괴고 있으면 '내 소중한 시간을 투자했는데 어디 한번 잘하는지 볼까?' 하는 것처럼 느껴지고, 팔짱을 끼고 있으면 '나한테 암만 얘기해도 난 듣지 않을 거야'라고 말하는 것 같습니다. 상대방의 닫힌 마음이 느껴지면 대화를 이어 가기가 어렵습니다.

특히 초등학생을 가르치는 선생님들은 학생들보다 키도 크고 체격이 건장하기 때문에 열린 자세에 익숙해져야 합니다. 어릴수록 시각 정보에 민감하여 상대방의 몸짓만 봐도 자기를 좋아하는지, 거부하는지를 알 수 있습니다. 어린아이를 쳐다볼 때는 똑바로 마주 보는 것보다 고개를 약간 기울여서 보는 것이 더 효과적입니다. 그래야 아이가 더 안정감을 느낀다고 하는군요.

**L은 '기울이다, 몸을 숙이다'라는 뜻의 단어, lean의 약자입니다.** 말하고 있는 상대방 쪽으로 몸을 약간 기울여 적극적으로 듣는 자세를 뜻합니다. 이금희 아나운서가 〈아침마당〉에서 무려 15년간 자리매김할 수 있었던 이유를 단박에 알 수 있었습니다. 이금희 아나운서는 저와 멀찍이 떨어진 자리에 있었는데도 개의치 않고 저를 향해 몸을 기울여서 열심히 들어 주셨습니다. '내가 얘기하는 것이 재미있구나'라는 생각이 드니까 이야기를 자연스럽게 이어 갈 수 있었습니다.

상담이나 가르침은 예술과 같습니다. 정보는 누구나 쉽게 가르칠 수 있지만 상담이나 가르침은 예술가가 작품으로 감동을 주듯 상대방에게 감동을 주기 위한 노력과 자세를 필요로 합니다. 선생님도 자기만의 예술을 한다는 마음으로 정교하게 가르치고 아름답게 상담할 수 있도록 가다듬는 자세가 필요합니다.

**E는 '눈 맞춤'이라는 뜻의 단어, eye contact의 약자입니다.** 눈 맞춤은 문화권에 따라 유연한 자세를 취해야 합니다. 서구에서는 눈을 똑바로 쳐다보면 당당하고 자신감 있어 보인다고 하지만, 동양권에서는 자칫 버릇없는 사람으로 오해받기 쉽습니다. 편안한 자세로 적당히 눈을 맞추며 대화하는 것이 좋습니다.

교사의 업무가 워낙 많다 보니 다른 일을 보면서 학생과 대화하는 모습을 종종 보게 됩니다. 그러나 이것은, 잠시 일상적인 대화를 나누는 것이라면 모를까, 상담자의 경청하는 자세는 아니라는 것을 기억해야 합니다. 상담을 위해 온 학생이 앞에 있는 이상 선생님은 하던 일을 멈추고 진지한 자세로 학생과 눈을 마주치며 대화해야 합니다.

학생이 나보다 키가 작을 경우 앉거나 무릎을 구부려서 학생의 눈높이에 맞추는 것이 상담자의 예의입니다. 학생에게 교사는 권력자입니다. 교사가 높은 곳에서 내려다본다면 학생은 주눅 들기 쉽습니다.

**마지막으로 R은 '긴장을 푼, 느긋한'이라는 뜻의 단어, relaxed의 약자입니다.** 선생님은 학생이 어떤 얘기를 해도 긴장하지 않고 여유 있는 자세로 들을 수 있어야 합니다.

"선생님, 저 살기 싫어서 어제 약을 먹었어요."

학생이 이런 말을 하면 선생님은 어떻게 반응해야 할까요? 훈계하거나 꾸중하면 아이는 두 번 다시 그런 얘기를 털어놓지 않을 것입니다. 아이가 걱정되어도 침착하게 대응해야 합니다.

"음, 그랬구나. 그럴 만한 일이 있었던 거야? 언제부터 그런 생각을 했니?"

여유를 잃지 마십시오. 그래야 아이도 긴장하지 않고 이야기를 다 할 수 있습니다. 상담을 오래 하다 보니 이제는 크게 놀랄 일이 없습니다. 무슨 말을 들어도 "음, 그렇구나"로 시작하게 되니 말입니다.

# 21

## 얽힌 감정과
# 화를 푸는 놀이들

어떤 연구 결과에 의하면 인간이 느낄 수 있는 감정이 7,000가지나 된다고 합니다. 그런데 두세 가지 감정도 잘 모르는 학생들이 참 많습니다. 감정을 이해하고 표현하는 법을 가르치는 것이 필요합니다. 놀이를 통해 학생이 자신의 감정을 표현하고, 또 상대방의 감정을 이해하는 훈련을 할 수 있습니다.

## 감정을 말로 전달하는 놀이

한 명이 나와서 선생님이 제시하는 감정을 듣고 다른 학생들에게 말로
설명하면, 설명을 들은 학생들이 어떤 감정인지 맞추는 게임입니다.

> **선생님** 화
>
> **학 생** 동생이 허락 없이 내 물건을 가져다가 망가뜨렸을 때
> 느끼는 감정이야. 나는 안 했는데 옆에서 자꾸 내가 했
> 다고 밀어붙일 때, 또는 엄마가 나한테 잘못해 놓고 사
> 과하지 않을 때 느끼는 감정이기도 해.

> **선생님** 기쁨
>
> **학 생** 방학식 날 느끼는 감정이야. 친구들끼리 놀러 가서 맛
> 있는 거 사 먹을 때 느끼기도 하고, 생각지도 않은 용돈
> 을 받을 때 느끼기도 해.

## 감정을 몸짓으로 전달하는 놀이

다섯 명이 앞으로 나와 앞으로 나란히를 하고 한 줄로 섭니다. 맨 앞에
있는 학생만 선생님을 마주 보고 나머지 학생은 뒤돌아섭니다. 선생님

이 감정을 나타내는 단어가 적힌 쪽지, 예들 들어 '공포'를 학생에게 보여 주면, 학생은 그 다음 학생에게 몸짓으로 단어를 설명합니다. 계속 다음 학생에게 몸짓으로만 설명하고 마지막 학생이 답을 맞히는 게임입니다.

이 게임은 하는 아이들이나 구경하는 아이들이 하나의 감정에 대해서 구체적으로 생각하는 기회가 됩니다. 말이 아닌 몸짓으로 설명해야 하기 때문에 좀 더 구체적으로 생각해야 합니다. 게임을 마친 후 선생님이 문제의 그 감정에 대해 학생들과 자연스럽게 이야기를 이어 갈 수 있습니다. 예를 들어 "여러분이 공포를 느낄 때는 언제죠?" 하고 학생들 스스로 자신의 이야기를 하도록 유도할 수 있습니다. 조례 시간에 몸풀기로 한두 개씩 할 수 있습니다.


## 풍선으로 화 다스리기

요즘 학생들은 분노를 잘 조절하지 못합니다. 화가 나면 안하무인으로 행동하는 학생들이 많습니다. 화난 감정을 분출하지 못하고 속에 쌓고 쌓아 놓다가 일순간에 폭발해 버리기 때문입니다. 경우에 따라 화를 주체하지 못하고 돌이킬 수 없는 실수를 저지르는 아이들도 있습니다. 스스로 '화'를 다스리는 방법을 평소에 가르쳐 주어야 합니다.

화라는 감정을 이해하고 다스리는 데 유용한 '풍선 활동'을 소개하겠습니다. 아이들이 바람 넣은 풍선을 좋아하는 이유는 사람의 피부와 비슷한 느낌을 주기 때문이라고 합니다. 학생들과 이야기를 나눌 교사와 풍선을 불어 줄 보조 교사가 함께 들어갑니다.

한 선생님이 "화가 났어요. 좋은 걸까요? 나쁜 걸까요?" 하고 학생들에게 질문을 던집니다. 이어서 화는 나쁜 감정이 아니며, 누군가 자기에게 해롭게 하거나 상처를 주면 화가 나는 게 당연하다고 말해 줍니다. 그리고 나서 화가 나는 것은 정상적인 반응이지만 화를 제대로 표현하지 못하는 것은 고쳐야 할 문제라고 설명합니다.

"여러분은 언제 화가 나나요? 한 사람씩 답할 때마다 여기 계신 선생님이 풍선을 한 번씩 불 거예요."

학생들이 대답할 때마다 풍선을 붑니다. 풍선이 거의 터질 지경이 될 때까지 계속 진행합니다. 화를 속에 담아 두는 것은 곧 터질 것 같은 풍선처럼 위험한 것임을 보여 주는 것입니다. 실제로 풍선을 터뜨리고 나서 학생들에게 찢어진 조각을 보여 주면서 이렇게 말해 주세요.

"여러분, 화를 참고 참고 참고 또 참고, 누르고 누르고 또 누르기만 하면 결국은 이렇게 빵 하고 터지게 되는 거예요."

이번에는 팽팽하게 부푼 다른 풍선을 보여 주면서 다음과 같이 질문합니다.

"이렇게 부풀어 오른 화를 어떻게 하면 다스릴 수 있을까요?"

화를 다스리는 법에 대해 이야기를 나누면서 풍선에 든 바람을 조금씩 빼 줍니다.

"운동으로 푸는 방법도 있고요. 신 나는 노래를 들으며 춤추는 방법도 있겠군요. 좋아요. 또 다른 방법이 있나요? ⋯ 풍선이 점점 작아지고 있어요. 또 무슨 방법이 있을까요? 심호흡을 하면 도움이 된다고 하네요. 우리 다 같이 숨을 크게 들이마셨다가 뱉기를 다섯 번 해 볼까요? 시작! 후우~ 한 번. 후우~ 두 번. 후우~ 세 번. 후우~ 네 번. 후우~ 다섯 번. 어떠세요? 진짜 좋아졌어요. ⋯ 풍선을 보세요. 이제는 바람이 다 빠져서 아주 작아졌네요."

이때 학생들 앞에서 풍선이 휘익 날아갈 수 있도록 손에서 놓아 버리세요.

"어느새 화가 다 사라졌어요. 풍선을 터뜨리지 않았던 것처럼 우리도 화를 다스릴 수 있어요."

화를 다스리는 법에 대해 몇 시간 동안 강연하는 것보다 본인이 보고 스스로 판단하도록 활동을 통해 보여 주는 것이 훨씬 효과적입니다.


## 스토리텔링을 통한 감정 표현

스토리텔링, 즉 이야기 들려주기를 통해 감정에 대해 설명해 주는 것도 좋은 방법입니다. 이 방법을 통해 학생들에게 친근하게 다가갈 수 있습니다. 로첼리 렌티니(Rochelle Lentini)가 지은 터커(Tucker)라는 거북이의 이야기를 나눠 보겠습니다.

"터커는 친구들과 노는 걸 무척 좋아합니다. 그런데 가끔씩 화가 날 때가 있어요. 문제는 그때마다 터커가 친구들을 때리거나 발로 차고 소리를 지른다는 거예요. 친구들의 표정이 어떤가요? 무서워하기도 하고. 짜증을 내기도 하고, 슬퍼하기도 하네요.

어느 날 터커가 화를 다스리는 새로운 방법을 배웠어요.

우리도 화가 날 때 터커처럼 1단계부터 4단계까지 하면서 화를 다스려 볼까요? 아무리 화가 나도 자기를 사랑하는 사람은 몸을 함부로 굴리거나 말을 함부로 하지 않아요. 여러분이 자기 몸을 건강하고 좋은 상태로 유지하고 말을 지혜롭게 할 때 여러분 자신도, 친구도, 가족도 모두 행복할 수 있어요."

## 1 단계

화가 났다는 것을
알아야 해요.

## 2 단계

일단 멈추어 서요. 손도 움직이지 말고,
발도 차지 말고, 소리도 지르지 말아요.

## 3 단계

등딱지 속으로 쏙 들어가서
크게 숨을 쉬어요. 세 번! 후우~ 하
나, 후우~ 둘, 후우~셋.

## 4 단계

혼자 생각하면서
좋은 해결책을 찾아요.

상황에 맞게 비슷한 이야기를 지어서 들려줄 수 있습니다. 스토리텔링을 통해 감정이 무엇이고, 감정을 잘못 표출했을 때 다른 사람에게 어떤 영향을 끼치는지에 대해서 가르쳐 주어야 합니다.


## 감정을 표현하는 I Statement

I Statement(나에 대한 진술)는 상대방에게 얘기할 때 "네가 그랬기 때문에…"가 아니라 자신의 감정에 대해서 먼저 이야기하는 기술입니다.

예를 들어서, 친구들과 밥을 먹기로 했는데 약속 시간에 늦었다고 나만 빼고 식사를 해 버렸다면 화도 나고 슬플 것입니다. 이때 "너희들, 왜 기다리지 않고 먼저 먹었어?" 하고 화를 낸다면 싸움만 일어날 것입니다. 그것보다는 자신의 감정을 먼저 털어놓는 것이 좋습니다.

"너희가 나를 기다려 주지 않고 먼저 먹어서 슬퍼."

'나'를 별로 강조하지 않는 한국 문화에서는 익숙하지 않은 기술입니다. 그러나 역할 놀이를 통해 연습할 수 있습니다.

(예시)

학생 두 명씩 짝지어 서로 연필을 뺏습니다. 뺏거나 또는 뺏기지 않기 위해서 싸울 것입니다. 상대방에게 화가 난 상태에서 다음 문장을 완성하도록 합니다.

"나는 (아무개)가 내게 (어떤 행동이나 말을) 했을 때 (어떤 감정을) 느꼈어요."

자신의 감정에 대해 말하게 하는 이유는, 감정을 말로 표현하면 감정에 집중했던 상태에서 벗어나 정서적인 환기를 경험할 수 있기 때문입니다. 또한 얘기하는 사이에 화가 누그러지고 진정되기 때문입니다. 더불어서 상대방의 감정도 이해할 수 있게 됩니다.

식당에서 어떤 여자아이가 아무도 시키지 않았는데 스스로 어른들에게 물을 가져다 드렸습니다. 아이가 물을 갖다 드릴 때마다 칭찬을 들으니까 신이 나서 정신없이 물컵을 나르다가 종업원과 부딪혀서 물을 쏟고 말았습니다. 그러자 아이의 엄마가 한마디 했습니다.

"시키지도 않은 일을 왜 해? 그렇게 조심해야지."

아이를 공개적으로 혼낸 것입니다. 아이는 마음에 큰 상처를 받았습니다. 조금 전에는 칭찬을 아끼지 않았던 엄마가 지금은 화를 내고 있으니 혼란스럽습니다.

이 상황을 그대로 넘어가서는 안 됩니다. 집에 돌아와 아이를 앉혀 놓고 대화를 해야 합니다.

"아까 엄마가 혼냈을 때 마음이 어땠어?"

그러면 아이가 대답할 것입니다.

"칭찬받고 싶어서 했는데 혼나니까 슬펐어요."

아이가 자신의 감정을 솔직하게 말한 만큼 엄마도 솔직하게 사과하는 게 좋습니다.

"누가 시키지도 않았는데 네가 어른들에게 물을 대접하는 걸 보고 엄마는 네가 자랑스러웠어. 그런데 네가 아줌마랑 부딪혀서 물을 쏟으니까 아줌마한테 미안해서 너를 야단치고 말았구나. 엄마가 미안해."

이렇게 마무리하면 아이의 감정이 좋게 바뀔 것입니다. 뿐만 아니라 식당에서 혼났던 것보다 엄마와 나누었던 이야기가 더 오래 기억될 것입니다.

아이도 어른 때문에 화가 날 수 있습니다. 그럴 때 반드시 대화를 통해서 갈등과 오해를 풀어 주어야 아이가 선생님이나 부모에게 부정적인 감정을 갖지 않게 됩니다. 오히려 긍정적인 감정으로 전환될 수 있습니다.

학교에서 선생님의 실수로 학생과 불편한 일이 생길 수 있습니다. 이때 선생님이 실수를 인정하지 않고 학생에게 아무 말도 하지 않는다면 학생은 내내 불안하고 불편한 상태로 학교생활을 할 수밖에 없습니다. 그런 경우에는 반드시 학생과 대화를 해서 감정을 마무리해야 합니다.

학기 초에 감정 조절에 대한 목표를 세워서 실천하는 것도 좋은 방법입니다. 각자 세운 목표를 지속적인 피드백을 통해 성취하도록 도울 수 있습니다. 이때 피드백은 일대일보다는 반 전체를 대상으로 하는 것이 좋습니다. 공개적으로 나누는 말의 힘이 더 크기 때문입니다. 반 친구들끼리 서로가 한 말에 대해서 책임을 질 수 있도록 도울 수 있습니다.

감정 조절 목표와 함께 구체적인 실천 계획을 세우는 것이 중요한데 3단계 정도로 세우는 것이 적당합니다.

예를 들어, 짜증을 줄이는 것이 목표라면 실천 계획은 다음과 같이 세울 수 있습니다.

첫째, 짜증이 느껴지면 일단 그 자리를 피한다.

둘째, 내가 흥분했을 때 반 친구들이 나랑 같이 심호흡을 해 주었으면 좋겠다.

셋째, 목표를 성취한 날은 나 자신에게 상을 준다.

이런 식으로 목표와 실천 계획을 세우고 반 친구들끼리 나누면서 그때마다 상기시킨다면 그 효과가 매우 클 것입니다.

# 22

# 참기 힘든 현실,
## 마술 지팡이 활용하기

어린아이는 자기가 처한 상황이 아무리 힘들어도 말로 표현하는 데 서툽니다. 그래서 제때에 적절한 도움을 받기가 어렵습니다. 이런 경우에는 현실과 정반대되는 판타지에 대해서 물어봄으로써 아이의 상황을 파악하는 것이 좋습니다.

펜이나 마술 지팡이 장난감을 아이에게 주면서 이렇게 묻습니다.

"이 마술 지팡이로 뭐든지 바꿀 수 있다면 넌 무엇을 바꾸고 싶니?"

학대받는 아이들의 판타지는 거의 비슷합니다. 자신이 가장 무서워하거나 두려워하는 것이 바뀌길 원합니다. 대화를 계속 이어 나가다 보면 아이가 처한 현실을 파악할 정보를 얻게 될 것입니다.

3~5세 아이들의 상담을 진행한 적이 있습니다. 그중에 6세 아이가 한 명 있었는데 모든 면에서 유치원에 갈 수준이 안 되어서 저와 상담을 했습니다. 여름 캠프를 진행했는데 이 아이가 하루 오더니 일주일을 빠지고, 또 하루 오더니 2주가 돼 가도록 오지 않는 것이었습니다.

　2주 만에 나타난 아이에게서 새로운 상처들을 발견했습니다. 그렇지 않아도 처음 만났을 때부터 온몸에 작은 흉터가 많았는데, 2주 만에 온몸에 새로운 상처가 생긴 것을 보니 문제가 심각했습니다. 미국에서는 상담가가 아이에게서 이런 종류의 상처를 발견하면 반드시 신고하도록 되어 있습니다. 그렇지 않으면 자격을 박탈당합니다.

　그래서 아동학대 신고를 하기 전에 아이의 어머니를 만났습니다. 어머니는 말없이 한참 동안 울기만 했습니다. 그러더니 바로 자기가 아이에게 상처를 주었다고 시인했습니다. 상처가 아물 때까지 기다리느라 캠프에 몇 주 동안 보내지 않았던 것이라고 고백했습니다.

　그 말을 듣고 아이와 어머니에게 있어서 나의 역할이 매우 중요하다는 걸 깨달았습니다. 현명한 선택을 하면 아이와 부모를 모두 살릴 수 있지만, 자칫 잘못하면 아이가 부모를 영영 못 만날 수도 있기 때문입니다.

　선택의 여지없이 신고는 해야 하는 것인데, 어떻게 하면 좋을지 잠시 고민했습니다. 그러고 나서 어머니에게 이렇게 제안했습니다.

　"저는 상담자로서 신고를 할 의무가 있습니다. 저는 어머니도 치료를 받고 아이와 다시 화목하게 사셨으면 좋겠어요. 저와 같이 신고를 하시는 게 어떨까요?"

　어머니가 동의해서 함께 신고를 마쳤고, 덕분에 정상이 참작되어 어머니도 치료를 받을 수 있게 되었습니다.

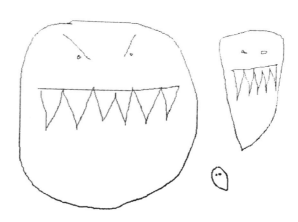

　위의 그림은 상담 중에 아이가 그린 가족입니다. 엄마와 형과 자기를 그렸는데 가장 큰 얼굴이 엄마, 가장 작은 얼굴이 자기 자신입니다. 중요한 것은 엄마와 형을 모두 이가 뾰족한 괴물로 그렸다는 것입니다. 그림을 그리면서 화가 났는지 힘을 잔뜩 주어 그려서 종이가 찢어지기 일보 직전이었습니다.

　아동보호국 담당자와 아이의 어머니와 함께 만난 자리에서 이 그림을 보여 드렸더니 어머니가 하염없이 눈물을 흘렸습니다. 어머니가 스트레스를 받으면 두 아들을 학대했고, 화가 난 형이 어린 동생을 또 때렸던 것입니다. 가장 작게 그린 자기 얼굴에는 입도 그리지 않았습니다. 왜 그리지 않았을까요? 집안에서 아무도 자기 얘기를 들어줄 사람이 없었던 것입니다. 스스로를 무력하고 하찮은 존재로 여기고 있음을 보여 줍니다.

더 놀라운 사실은 아이가 아버지는 아예 그리지도 않았다는 것입니다. 아버지가 어머니를 때리고, 어머니는 자녀들을 때리는 학대의 악순환이 이어지고 있었던 것입니다. 아이는 아버지가 없는 세상을 꿈꾸었습니다. 그래서 그리지도 않았던 것이지요. 그래서 이 아이와는 판타지 놀이를 많이 했습니다. '괴물아, 괴물아. 꺼져라!'라는 게임이 있어요. 괴물을 잡아다가 없애 버리는 게임입니다. 아이의 인생에 괴물이 정말 많았습니다.

판타지 활동을 한다고 해서 무엇이 달라질까요? 현실이 바뀌지 않는다면 말입니다. 학대하는 부모는 변하지 않을 수 있습니다. 특히 만나지도 못한 아버지를 변화시킬 수는 없는 노릇입니다. 하지만 이 판타지를 통해 아이 안에 응축된 분노와 상처, 스트레스를 풀어 줄 수 있습니다. 당시 아이와 함께 판타지를 탐험하면서 괴물에 대해서 다르게 반응할 수 있도록 도와주었습니다. 그것만으로도 아이는 더 행복해질 수 있습니다.

한번은 대학원생들과 8주 동안 소그룹 상담을 한 적이 있습니다. 대부분이 현직 교사였는데 그중 한 분이 학교에 대한 상처가 매우 컸습니다. 그분이 다니는 학교에서는 인형 같은 교사만 원한다는 것입니다. 남녀를 막론하고 인형같이 예쁘고 잘생긴 사람을 선호한다고 합니다. 그런데 자기는 그렇게 잘생기지 않았기 때문에 교장선생님이 자꾸 문제아들만 맡게 한다고 억울해했습니다. 정신병 수준의 아이들이 한 반에 다 모였다고 말입니다.

심한 차별 때문에 속에 화가 엄청 쌓여 있는 상태였습니다. 저는 그분의 현실을 바꿔 줄 수 없습니다. 대신 소그룹 상담 때 판타지 역할극을 해 봤습니다. 그분이 하루 동안 교장선생님이 되는 판타지 공간을 만들어 드렸지요. 그랬더니 다른 선생님들을 교장실로 불러서 마구 혼내는 것입니다. 30분 내내 계속 혼냈습니다.

그분은 다음 시간에 이렇게 털어놓았습니다.

"역할극을 한 다음 날 출근하는데 너무너무 행복했어요."

현실은 바뀌지 않았지만 자기가 힘을 부여받아 달라진 걸 느낀 것이죠. 판타지 역할극을 하면서 힘과 권력을 느낀 것이 회복에 도움이 된 것입니다.

# 23

## 학생이 그린 그림으로
## 대화하기

저는 화난 표정의 찐빵 사진을
아이들에게 보여 주곤 합니다.

"너희도 이렇게 찐빵 같은 얼굴
이 될 때가 있니?" 하고 물으면서
선생님 자신의 감정을 솔직하게 얘
기해 주세요.

예를 들어, 수업 시작 전에 선생
님이 "이렇게 날씨가 좋은데 교실

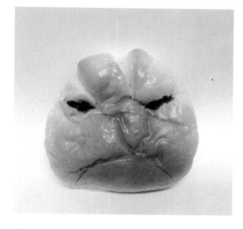

안에 갇혀 있어야 하다니 마음이 아프구나" 하고 말한다면 학생들은 너

도나도 자기 얘기를 털어놓을 것입니다. 그러고 나서 "그래, 이왕 이렇게 모인 거, 그래도 뭔가 생산적인 일을 해 보자!" 하고 가벼운 마음으로 수업을 시작합니다.


## 조개의 아픔이 진주를 만든다

조갯살에 모래알이 박히면 조개는 열심히 싸워요. 싸우느라 흘린 분비물이 모래알을 덮고 덮어서 진주를 만들어 냅니다. 진주가 만들어지기까지 아주 오랜 시간이 걸리는데, 조개는 그 길고 긴 고통을 견딥니다.

　여기에서 배울 점이 있습니다. 어려움은 누구에게나 있다는 것입니다. 오히려 어려움이 없으면 그게 이상한 거예요. 인생은 어려움의 연속입니다. 이 조개도 몸 안에 모래알이 들어와 고통스럽게 싸우고 있어요.

이런 고통 끝에 진주를 만들어 냅니다. 우리 인생의 모래알은 무엇일까요?

　부모의 이혼, 학대, 가난 등 자기만의 모래알이 있습니다. 학생이 자신의 모래알에 대해 얘기하면 이렇게 물어보세요.

"조개는 고통스럽게 싸우면서 진주를 만들어 냈습니다. 그러면 우리는 어떻게 해야 이 어려움을 진주로 만들 수 있을까요?"

매우 심오한 질문인데도 학생들은 쉽게 이해합니다.

다음 그림을 보면 탈옥한 죄수가 흐뭇한 표정으로 굴을 파고 있습니다. 그런데 지금 어디로 가고 있죠? 맞습니다. 똥통으로 들어가고 있습니다.

어떤 고등학생이 이 그림을 보고 굉장히 철학적인 말을 했습니다.

"인생에는 지름길이 없군요."

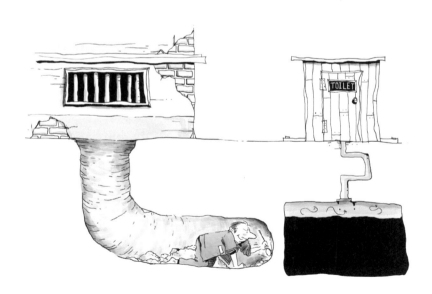

그럴 때 이렇게 답해 주시면 좋습니다.

"맞아! 뭔가 쉽게 얻으면 그 순간에는 굉장히 좋은 것 같았는데 나중에 보니 어디론가 향해 가고 있더라고."

학생들이 웃는 것 같지만 마음으로 기억할 것입니다.

**24**

# 이해의 차원을 높이는
# 다문화 스티커 놀이

우리는 어릴 때부터 문화 배경에 따라 가치관을 형성해 갑니다. 자기 문화가 최고라고 믿고 타 문화에 대해 반감을 갖거나 열악한 것으로 보는 태도를 자기 민족 중심주의(ethnocentrism)라고 합니다. 다문화 교육은 내 안에 자기 민족 중심주의적 사고방식이 있는지를 점검하고 수정하는 데서부터 시작합니다. 다른 것은 틀리거나 이상한 것이 아니라 그냥 다른 것입니다.

다문화에서 빼놓을 수 없는 주제가 '힘과 억압'(power & oppression)입니다. 사실 억압은 다문화 아이들이 많이 당하는 현실입니다. 다문화 아이들은 소수이기 때문에 힘이 없습니다. 힘은 다수에게 있습니다. 소수는 늘 대다수가 되길 원합니다.

힘이 있는 다수에게는 특권이 있습니다. 학교 시스템에도 이 특권이 드러납니다. 힘있는 대다수가 그 힘을 양보하고 나눌 수 있어야 합니다. 힘이 없는 사람들을 위해서 힘 있는 사람들이 일을 해야 합니다. 소수의 다문화 사람들을 위해서 다수의 사람들이 일을 해야 합니다. 만약 우리 학교에 베트남 아이가 다니고 있다면 학교에 그 아이를 위한 특별한 배려가 있을까요? 일 년에 한 번이라도 급식 때 베트남 음식을 구경할 수 있나요? 사실 베트남 아이도 똑같이 학교에 등록금을 내는데 베트남 음식을 식단에 넣는 게 당연한 것 아닌가요? 학교 도서관에 베트남어로 된 잡지나 책이 있나요? 만약 베트남어로 된 책이 없다면 이것도 체제적 억압입니다. 체제적 억압은 시스템 자체가 특권 있는 학생에게는 계속 특권과 힘을 주고, 억압당하고 있는 아이는 계속 누르고 있는 겁니다. 이런 학교는 진정한 다문화 교육을 하고 있다고 말할 수 없습니다.

지금은 글로벌 시대입니다. 시대에 맞추어 학생들이 다양한 인종과 문화에 익숙해지도록 돕는 다문화 교육이 필요합니다. 타 문화권 사람들과 어떻게 관계를 맺고 더불어 살아갈 수 있는지를 가르쳐야 합니다. 즉, 타 문화권 사람들이 우리 문화에 잘 적응하고 우리말을 하고 우리처럼 행동하게 만드는 데 목적을 두어서는 안 된다는 뜻입니다. 오히려 서로 다름을 인정하고 배려하고 맞추는 데 초점을 두어야 합니다. 그래야 진정한 다문화 교육이라고 할 수 있습니다.

아직 우리나라는 다문화 교육을 위해 갈 길이 멀다는 생각을 합니다. 지금까지 우리의 다문화 교육의 초점은 다문화 아이들이 한국 문화에 잘 적응하는 데 있었습니다. "너의 정체성을 포기하고 문화적 정체성을 바꿔서 우리 것에 맞추라"는 것보다 더 억압적인 것은 없습니다. 그것은 학생에게 학생의 일부를 포기하라는 뜻입니다.

다문화 교육의 대상은 우리와 다른 문화권의 학생이 아니고 그들을 제외한 나머지, 곧 한국 학생입니다. 이 핵심적인 목표를 확실하게 이해하지 않으면 "저들은 한국인이 아니지만 그래도 우리처럼 말하고 행동하는 사람으로 만들자"가 다문화 교육의 목표가 됩니다.

지금까지 우리가 다문화 아이들을 한국의 기준으로 바꾸려 했다면 이제 거꾸로 해야 합니다. 힘 있는 한국 아이들이 다문화 아이들에게 맞추어야 합니다. 그리고 그 힘을 나눠 주는 연습을 해야 합니다. 다문화 교육은 결국 힘의 문제입니다. 힘을 가진 자들, 특권을 가진 자들이 그 힘과 특권을 버리고 나누지 않으면 억압은 사라지지 않습니다. 나누어야 합니다. 포기해야 합니다.


## 코드 스위칭을 가르치라

아이를 글로벌 리더로 키우려면 시점을 바꿔서, 입장을 바꿔서 상대방을 생각할 수 있게 해야 합니다. 이런 것도 가르치고 배워야 하는 하나의 스킬입니다. 이를 코드 스위칭(code switching)이라고 합니다. 이 스킬은 내가 속해 있는 문화적인 환경과 바탕에 따라 나의 행동과 언어를 조절하고 조정하는 것입니다. 이것은 글로벌 리더로 성장할 수 있는 큰 요소가 됩니다. 어떻게 보면 우리는 이미 코드 스위칭을 무의식중에 하고 있습니다.

어르신이 방에 들어오셨을 때는 일어서서 인사를 하고 어른이 앉기 전에 앉지 않습니다. 하지만 동생이 방에 들어왔을 때는 앉아서 인사합니다. 이것은 기본적인 코드 스위칭입니다. 처해 있는 문화적인 규범과 코드에 따라 행동과 말을 맞춰 가는 것입니다. 또 미국 사람은 사람 앞에서 트림하는 게 실례고 코 푸는 건 실례가 아닙니다. 한국 사람은 반대입니다. 이때 한국 사람이 미국 사람 앞에서 트림을 하지 않는 것이 코드 스위칭입니다. 이 코드 스위칭을 잘하려면 여러 문화의 뉘앙스의 섬세한 차이를 알아야 합니다. 즉 다른 나라의 문화를 공부해야 한다는 뜻입니다.

## 다문화 스티커 놀이의 방법

다문화를 이해하기 위한 스티커 놀이를 소개합니다. 한 그룹에 5~6명씩 총 8그룹 정도가 적당합니다. 한 그룹당 하나의 문화권을 상징합니다. 지도 교사가 각 문화의 특징이 쓰인 카드를 나누어 주면 그 카드를 그룹 안에서만 공유하고 다른 그룹에게 공개해서는 안 됩니다. 카드 내용을 숙지한 뒤 개인이 돌아다니면서 다른 문화권의 사람과 인사하고 대화를 나누게 합니다. 이때 상대방이 내 문화에서 불쾌한 행동을 하면 상대방에게 스티커를 붙입니다. 스티커는 "당신이 나한테 문화적으로 상처를 줬다"는 뜻입니다.

　게임이 끝나면 각자 몸에 붙은 스티커 수를 셉니다. 그럼 누가 상처를 가장 많이 주었는지 한 눈에 파악할 수 있습니다. 각 그룹별 문화적 특징은 다음과 같습니다.

## 1 그룹 얘기할 때 눈을 똑바로 쳐다보면 안 되는 문화

이 문화에서 다른 사람과 이야기할 때 상대방의 눈을 똑바로 보는 것은 무례한 일이에요. 누군가가 당신의 눈을 똑바로 쳐다보면 당신은 그 사람으로부터 위협감이나 적대감을 느낄 수 있습니다. 이야기하는 동안에 당신의 눈을 똑바로 본 사람이 있다면, 그 사람에게 스티커를 붙여주세요.

## 2 그룹 대화할 때 고개를 끄덕거리면 안 되는 문화

대화할 때 상대방이 고개를 끄덕이면서 이야기를 듣는다면 이들은 기분이 좋지 않아요. 어떤 곳에서는 고개를 끄덕이는 것이 다른 사람의 이야기를 경청하고 있다는 무언의 메시지일 수 있습니다. 이 문화에서 고개를 끄덕이는 것은 듣고 있지 않으면서도 마치 경청하고 있는 것처럼 보이려는 순수하지 못하고 과장된 행동이에요. 오늘 당신이 이야기할 때 고개를 끄덕인 사람이 있다면 그 사람에게 스티커를 붙여 주세요.

### 3 그룹 대화할 때 일정 간격 떨어져서 말하는 문화

이 문화에서는 모두가 150cm 정도의 거리를 두고 이야기해야 해요. 누구든 이 거리보다 가까이에서 이야기한다면 이들에게는 위협적입니다. 당신과 대화했던 사람 중 150cm보다 가까이에서 이야기 한 사람이 있다면 스티커를 붙여 주세요.

### 4 그룹 스킨십을 당연하게 여기는 문화

이 문화에서 사람들은 일상적인 대화에서 신체적으로 다정한 표현을 한답니다. 서로의 팔이나 어깨, 심지어 얼굴 등에 접촉하는 것을 좋아하합니다. 이것은 가족애나 우정을 보여 주는 방법 중 하나입니다. 당신과 대화 중에 이러한 신체적인 애정 표현을 하지 않는 사람에게 스티커를 붙여 주세요.

### 5 그룹 말할 때 웃으면 상대방에게 무례한 문화

이 문화에서 대화 중에 미소를 짓는 것은 무례한 것입니다. 미소를 짓는 것이 건방지고 오만하다는 표시기 때문에 어떻게든 미소를 지어서는 안 돼요. 대화 중에 미소를 지은 사람에게 스티커를 붙여 주세요.

### 6 그룹 질문을 했을 때 10초 이상 기다려 주는 문화

이들은 대화 중 나누는 정보를 처리하는 시간이 아주 많이 필요한 사람들이에요. 상대방에게 대답을 하기 전에 적어도 10초는 생각할 필요가 있기 때문에 누군가가 기다리지 않고 빨리 말을 하는 것은 참을성이 없고 당신이 생각하는 것을 방해하는 무례한 일입니다. 오늘 대화 중에 당신이 대답할 때까지 10초 이상 기다리지 않고 이야기한 사람이 있다면 그 사람에게 스티커를 붙이세요.

## 7 그룹 대화할 때 작은 소리로 조용조용 말하는 문화

공공장소에서 개인적인 대화를 하게 되는 경우에 속삭이면서 이야기해야 한다고 배운 사람들입니다. 보통 목소리 크기로 이야기하는 것은 무례하고 주변에 있는 사람들을 방해하는 것으로 여겨져요. 당신과 대화한 사람 중 속삭이는 것보다 더 크게 말했던 사람에게 스티커를 붙이세요.

## 8 그룹 목을 옷이나 스카프로 가리는 문화

이 문화에서는 어려서부터 옷을 단정하게 입어야 한다고 배워요. 사람이 많은 곳에서 남자와 여자가 목을 보이도록 옷을 입는 것은 단정치 못한 것이고 반항적인 모습이에요. 당신과 이야기한 사람 중 목이 보이는 사람이 있다면 스티커를 붙이세요.

## 다문화 이해의 차원을 높이라

**1, 5, 7 그룹의 문화**는 몸의 눈빛, 표정, 목소리, 톤, 억양 같은 준언어 (para-language)에 대해서 말하고 있습니다. 문화에 따라 이 모든 것의 기준 은 달라집니다. 한국에서는 어른이 말씀하실 때 어린아이가 어른을 빤 히 쳐다보면 버릇없는 아이로 찍힐 것입니다. 하지만 서구 문화에서는 아이가 어른에게 시선을 향하지 않으면 '듣고 있지 않다', '관심 없다'는 뜻입니다.

미국의 경우는 눈 맞춤과 관련해서 다양한 문화적 반응이 있습니다. 백인들은 누가 얘기를 하면 그 사람을 정면으로 보는 게 예의입니다. 그 런데 흑인들은 누가 얘기했을 때 오히려 다른 곳을 보는 문화입니다. 그 래서 미국 학교에서는 문화적 오해가 빚어집니다. 선생님은 백인이 대 다수인데 학생들은 흑인의 비율이 늘고 있기 때문입니다. 그래서 선생 님은 흑인 아이가 다른 곳을 보면 아이가 집중을 하지 않는다고 생각하 고 이렇게 말하는 것이죠.

"나를 봐야지. 넌 집중하지 않는구나."

선생님은 부지불식간에 흑인 아이에게 백인의 문화 코드를 따르라 고 강요하는 것입니다. 문화적으로 흑인 아이에게 그것은 매우 견디기 어려운 일임에도 말이죠.

우리는 따뜻한 표현을 위해 환하게 웃지만 어떤 문화에서는 미소를 교만하다고 생각합니다. 말소리의 크기도 마찬가지입니다. 한국에서 전철을 타면 가장 시끄러운 사람들은 대개 미국인입니다. 그러나 한국에서는 전화 통화를 할 때 손으로 입을 가리고 통화를 하는 게 예의입니다. 목소리의 크기도 문화적인 특성입니다.

**2, 4 그룹의 문화**는 신체 언어의 차이를 가리키는 겁니다. 저는 말을 할 때 동작을 큼직하게 하는 편인데 미국에서는 그런 게 일반적입니다. 동작이 크면 클수록 더 좋아하죠.

그런데 한번은 싱가포르에서 그렇게 강의를 했는데 교육청에서 제게 말을 할 때 몸짓, 손짓을 자제해 달라고 요청했습니다. 싱가포르에서는 몸과 손을 움직이며 가르치면 프로답지 못하게 여긴다는 것을 그때 알았습니다. 문화적인 차이입니다.

상담하면서 고개를 끄덕이는 행위는 당신 말에 귀 기울이고 있다는 뜻입니다. 그런데 한 청소년이 언젠가 제게 "선생님은 너무 가식적으로 고개만 끄덕이는 것 아니에요?"라고 물었습니다. 저를 상담자로서 더 신뢰하라고 했던 행위가 저를 의심하게 만든 것이죠. 이것도 문화 차이입니다. 선생님들은 몸의 동작을 연구하는 학문인 동작학(kinesics)에 대해서도 관심을 가지면 좋습니다. 교실에서 실제적으로 매우 유용하게 쓰입니다.

**3 그룹의 문화**는 대화할 때 거리를 어느 정도 두는가도 문화마다 다르다는 것을 뜻합니다. 어떤 문화에서는 처음 만나는 사람이라도 가까이

붙어서 대화하고 스킨십을 해도 편한 문화지만 다른 문화에서는 그런 행동이 큰 실례가 됩니다.

미국에서 전철을 탈 때 관찰해 보면 양쪽으로 빈자리가 없으면 앉지 않아요. 그만큼 나만의 공간이 필요하다는 뜻이죠. 한국은 어떤가요? 전철 안에 한 자리도 아닌 반 자리만 비어 있어도 기꺼이 앉습니다. 그만큼 우리라는 개념이 강한 것이죠. 이것도 문화 차이입니다.

**6 그룹의 문화**는 내향적인 성격을 가리키는 겁니다. 내향적인 아이들에게는 대답을 하기 위해서 최소한 10초라는 시간이 필요한데 우리는 침묵이 흐르는 걸 싫어합니다. 그래서 한 3초 정도가 지나도 대답이 없으면 계속 질문을 하죠. 그런데 아이는 더 우물쭈물하며 답을 못합니다. 왜 그럴까요? 아이는 아직 첫 질문에 대한 답을 생각하고 있기 때문입니다. 만약 아이를 기다리지 못하고 선생님이 계속 말을 하면 아이의 할 일을 다 해 버리는 겁니다.

제가 상담을 처음 시작했을 때 그런 경우가 있었습니다. 어떤 내향적인 아이를 상담했는데, 50분 동안 말도 못하게 힘들었어요. 아이는 말을 하지 않고 저는 어떻게든 아이가 말을 하도록 계속 질문을 하거나 말을 걸었죠. 상담 시간이 다 됐을 때 전 완전히 녹초가 되어 있었어요.

그런 저를 보신 교수님이 조언을 해 주셨습니다.

"네가 그렇게 힘든 이유는 네가 일을 다 해서 그렇다. 너 혼자 상담을 다 하고 왔다."

정말 그랬습니다. 질문했을 때 답이 쉽게 안 나오면 또 다른 식으로 물어보고 또 이렇게 물어보고. 그 학생이 오히려 상담을 못 받도록, 말을 못하도록 제가 기회를 뺏어버린 셈이었습니다. 침묵도 상담(대화)의 기술이라는 것을 알아야 합니다.

**8 그룹의 문화**는 단정함과 겸손함에 대한 문화적인 가치관을 말하고 있습니다. 중동 사람들은 특히 옷차림에 대해 엄격한 문화적인 가치관을 갖고 있습니다. 이는 우리나라에서도 세대의 문화로 충돌되는 부분입니다. 어른들은 아이들이 짧고 꼭 끼는 옷을 입을 때 못마땅해 하죠. 그런 옷차림이 싫은 것보다 그 스타일이 상징하고 표현하고 있는 가치관 때문에 싫어하는 것입니다.


다문화 이해를 위한 활동과 놀이를 하면 선생님들과 학생들에게 무엇이 좋을까요? 다문화에 대한 이해도의 차원이 달라집니다. 머리로 다르다고 인식하는 차원에서 피부로 느끼는 차원이 됩니다. 놀이를 할 때는 8개의 문화를 가정해서 활동했지만 세상에는 수만 가지의 문화가 있습니다.

몸으로, 피부로 다문화의 기본을 이해한 아이들은 코드 스위칭이 가능해집니다. 다문화 학생이 나와 다른 행동과 반응을 보일 때, '왜 이러지. 쟤 이상한 애야'가 아니라 '아, 그 문화에서는 저렇게 하는구나'라고 생각하겠죠. 더 나아가 "그 사람을 만났을 때 내가 맞춰줘야겠구나" 하면 바로 코드 스위칭이 되는 겁니다.

세계에서 일어나는 일들을 남의 일이라고 여길 게 아니라 신중하게 여기고 세계적인 사건들에 대해 아이들을 교육하는 게 중요합니다. 얼마 전에 필리핀과 베트남이 태풍 때문에 엄청난 피해를 입었는데, 학생들이 이 문제에 대해서 함께 고민해 봐야 합니다. 이젠 세계가 우리의 무대이니만큼 나랑 상관없는 나라니까 관심 없다고 할 것이 아니라 남의 일도 우리의 일로 만들어야 합니다.

아주 오래전에 1~2학년 아이들을 지도한 적이 있습니다. 북한에 대해 공부하면서 공감의 능력을 발휘할 수 있었습니다. 아이들 스스로 모금을 하고 바자회를 열겠다고 했습니다. 하루는 자기들이 모금한 돈을 가져다주는데 두 형제가 꽤 많은 동전을 모아 온 것이에요. 알고 보니 점심을 금식하면서 돈을 모았던 것입니다. 어린아이들이 정말 대단한 글로벌 시티즌이 된 거죠. 요즘은 세계가 좁아진 만큼 쉽게 글로벌 마인드를 키울 수 있습니다.

"조개는 고통스럽게 싸우면서 진주를 만들어 냈습니다. 그러면 우리는 어떻게 해야 이 어려움을 진주로 만들 수 있을까요?"

# SELF-ESTEEM

**Part 5** 자존감 높은 교사가 학생을 살린다

**25**

# 당신은
# 어떤 교사입니까?

몇 년 전 EBS 〈다큐프라임〉 '아이의 사생활' 편에서 자존감에 관한 인터뷰를 한 적이 있습니다. 선진국에 비해 뒤늦은 감이 없지는 않지만 자존감에 대해 관심을 갖게 되어 다행이라고 생각했습니다. 미국은 이미 1960년대부터 자존감에 대해 많은 고민을 하며 교육 현장에서 다양한 노력을 기울여 왔습니다.

한국의 산업과 기술은 이미 세계적인 수준에 올라 있지만 유독 교육 분야에 있어서만큼은 많은 투자에 비해 좋은 결과를 얻지 못하는 것이 이상해서 그 이유를 곰곰이 생각해 봤습니다. 그러다가 깨달은 것은 유교적인 전통문화의 영향이 아직도 크다는 사실입니다.

자존감을 키우기 위해서는 누구에게 관심을 두어야 하죠? 바로 '나'입니다. 그런데 유교적 전통문화에서는 남을 배려하는 마음을 중요하게 생각합니다. 그래서 동료나 친구들하고 점심을 먹으러 갈 때도 "어디 가서 식사할까요?" 하고 물으면 "'저는 아무 데나 좋습니다"라고 대답하곤 합니다.

그런데 요즘 아이들은 그렇지 않습니다. 아이들은 먼저 "야, 치킨 먹을까?" 하고 말하지, "우리 점심 같이 먹을까?" 하고 묻지 않습니다. 공동체보다 내가 더 중요한 세대에게 유교적 전통문화의 교육방식은 자존감의 성숙을 가로막는 결과를 가져옵니다.

자존감은 기본적으로 자신에 대한 신념의 집합이며 인생을 성공으로 이끄는 힘입니다. 따라서 교육에 있어 굉장히 중요한 개념임에 틀림이 없습니다.

두 학생이 있습니다. 한 학생은 집안 배경도 좋고 상당한 재력가인 부모님이 모든 걸 적극적으로 지원해 줍니다. 그런데 어려움이 생기면 넘어져서 도무지 스스로 일어나지를 못합니다. 사랑과 격려를 많이 받고 자란 만큼 어느 정도의 어려움쯤은 홀홀 털고 일어날 법도 한데 오히려 더 크게 좌절하고 일어서지 못하고, 극단적인 선택까지 하는 경우가 많습니다.

또 다른 학생은 가정환경이나 형편이 썩 좋지 않음에도 불구하고 어떤 어려움에도 밝게 웃으며 툭툭 털고 일어나는 것을 봅니다. "살다 보면 이런 일도 있지" 하면서 고비를 잘 넘깁니다. 참 신기합니다. 이 두 학생의 차이점은 바로 자존감입니다.

자존감은 집을 지을 때 기초와 같습니다. 기초가 단단하지 않으면 그 위에 아무리 멋진 건물을 지어도 이내 무너집니다. 소위 명문학교를 나오고 성적이 좋고 스펙이 완벽해도 소용없습니다. 반면 자존감이라는 기초가 단단한 학생은 인생의 폭풍우가 아무리 거세도 흔들리지 않습니다. 홀로 가는 길이 힘들어서 종종 넘어진다 해도 오뚝이처럼 다시 일어나 자기 갈 길을 갑니다.

어떤 상황에서도 자신을 신뢰하고 존중하는 힘, 그것이 바로 자존감입니다. 자기가 최고라고 뽐내는 자만심과는 전혀 다른 개념입니다. 어떤 상황이 닥쳐도, 온 세상이 자기를 손가락질해도 스스로 가치 있는 사람이고 사랑을 받을 만한 사람이라는 믿음을 잃지 않는 것이 바로 자존감입니다.

선생님들 중에도 어려운 환경과 위기를 극복하고 교단에 서신 분들이 많습니다. 그게 삶이니까요. 저도 마찬가지입니다. 저는 열세 살부터 아르바이트를 해서 스스로 학비를 벌면서 학교에 다녔습니다. 어린 마음에 가난한 집에서 태어난 것을 원망하기도 했지만, 가난을 힘겹게 극복해 오는 동안 제 자존감이 성장했다는 걸 뒤늦게야 알았습니다. 그것을 가능케 해 준 분들이 바로 제 부모님입니다. 두 분은 저희 삼 남매를 위해 보석 같은 조언과 한결같은 응원을 아끼지 않으셨지만 절대 무리하게 돈으로 교육시키지 않으셨습니다. 하고 싶은 게 있으면 스스로 노력해서 얻도록 하셨습니다. "뜻이 없어서 못하는 일은 있어도 가난해서 못할 일은 없다"고 말씀하시곤 했습니다. 그렇게 스스로 가난이라는 장애물을 뛰어넘어 각자 꿈을 향해 달려가게 해 주셨죠. 그렇게 얻은 것들이니 자신에 대해 얼마나 뿌듯하겠습니까?

그런데 요즘 부모들은 자녀 교육을 위해서라면 "소를 팔고 땅을 팔아 빚을 내서라도" 아낌없이 투자해야 한다고 생각합니다. 어디 그뿐입니까? 아이들이 스스로 해야 할 기본적인 것들까지도 적극적으로 대신해 줍니다. 그게 아이를 위한 일이라고 생각하기 때문입니다. 맞벌이 부부는 더 심각합니다. 아이들과 같이 있어 주지 못하는 미안함을 돈으로 보상하려고 하며 고액 과외도 주저하지 않습니다. 결국 학생 스스로 뭔가를 해 볼 시도조차 할 수 없는 세상을 만들고 맙니다.

그렇게 자란 아이들에게서 자존감이란 것은 찾아볼 수 없습니다. 아예 그런 건 생각조차 하지 않는 존재가 되어 버립니다. 스스로 애쓸 필요가 전혀 없는 환경에서 자라다 보니 마음먹은 대로 되지 않으면 금세 좌절하며 허탈함을 느끼게 됩니다. 극단적으로 삶 자체를 포기하는 아이들도 생깁니다.

자존감이란 틀을 통해 자신을 바라봤을 때, 나는 어떤 사람인가요? 선생님도 한번 생각해 보셨으면 좋겠습니다. 자신에 대해 긍정적인가요? 아니면 다소 부정적인가요? 선생님의 자존감은 매우 중요합니다. 왜냐하면 부모의 자존감이 아이에게 대물림되는 것처럼 선생님의 자존감도 말과 행동을 통해서 학생들에게 절대적인 영향을 끼치기 때문입니다. 스스로를 사랑할 줄 아는 사람, 자신의 능력을 소중히 생각하고 믿는 사람만이 그것을 아이들에게 전해 줄 수 있습니다. 자기에게 없는 것을 어떻게 아이들에게 전해 줄 수 있겠습니까? 다음 장에서 교사의 자존감을 체크해 보고 자존감을 높이는 방법을 이야기해 보겠습니다.

# 미국 올해의 교사 상(The National Teacher of the Year) 수상자들의 노하우

1. **지식 콘텐츠** 학생들은 자신이 뭔가 배웠다고 생각될 때 자신에 대해 긍정적으로 느낀다. 수업 시간에 실질적이고 무게 있는 지식적인 콘텐츠를 가르칠 수 있도록 철저히 준비하라.

2. **행복한 교실** 교실은 학생에게 안전하고 편안한 성소여야 한다. 교사는 성소의 친근하고 친절한 도우미일 뿐이다.

3. **길가의 교육** 교실 밖에서도 학습은 계속된다. 교사는 학생들과의 활발한 상호작용을 통해 그들이 무엇에 관심이 있는지를 알아야 한다. 교사는 학생이 모델로 삼을 수 있는 멘토인 만큼 작은 것들로도 학생들을 감동시킬 수 있어야 한다.

4. **이름 불러 주기** 학생들의 이름을 미리 외워서 수업 첫날부터 제대로 불러 주어라. 이름을 불러 주는 것만으로도 존재감을 느낄 수 있다.

5. **긍정적인 칭찬** 학생을 칭찬하고 격려해 주는 것은 매우 중요하다. 학생이 어려움을 겪고 있을 때, 조언하기에 앞서 긍정의 말로 격려해 주어라. 칭찬에 인색하지 말라.

6. **돌보는 교사** 훌륭한 교사는 늘 학생들에게 관심을 갖는다. 누구나 관심을 받으면 자신도 상대방에게 관심을 갖게 되어 있다. 학생은 교사의 관심을 진심으로 느낄 때 교사의 말을 가치 있게 여기고 따른다.

7. **적절한 피드백** 훌륭한 교사는 학생에게 높은 기대치를 가지며, 그것을 성취할 수 있도록 모든 힘과 노력을 다해 학생을 지원한다. 긍정적이면서 솔직한 피드백을 통해 성장을 돕는다.

**8. 실수의 용납** 교실은 실수가 용납되는 안전한 공간이라는 인식이 필요하다. 실수는 성공의 어머니이다. 실수를 할 줄 알아야 더 큰 성공을 향해 달려갈 수 있다. 빨간 펜으로 채점만 하지 말고 충분히 실수할 수 있도록 용납하라.

**9. 눈물로 밝히는 안목** 교사들은 다이아몬드를 자갈로 보는 실수를 종종 범한다. 제대로 볼 수 있는 안목을 갖기 위해 이따금 눈물로 눈을 씻어 낼 필요가 있다.

**10. 따듯한 미소와 친근한 터치** 작은 몸짓과 한마디 긍정의 말을 과소평가하지 말라. 작은 것이 한 학생의 인생을 바꿀 수 있다.

**11. 걸음 조심** 교사는 학생들의 꿈 위를 걷는 사람이다. 따라서 매우 조심스럽게 발걸음을 떼어야 한다.

**12. 재능과 인내** 인재는 타고 나는 게 아니라 평범한 재능과 비범한 인내가 합쳐질 때 만들어진다. 교사의 비범한 인내는 학생의 인내를 길러 낸다.

**13. 말의 힘**: 말에는 힘이 있기 때문에 교사의 말은 학생을 치유할 수도 있고 파괴할 수도 있다. 친절하고 진실된 말이 사람을 바꾼다.

**14. 부모와의 대화** 학생이 잘못했을 때만 부모에게 연락하면 교사는 결코 반갑지 않은 사람이 된다. 이따금 학부모에게 학생을 칭찬하는 안부 인사를 해라.

**15. 모험의 대가** 교사라면 목숨을 걸고 학생들의 인생에 뛰어들어 보라. 상상을 초월하는 행복을 느낄 수 있을 것이다. 모험하면 그 대가가 있는 법이다.

**16. 선택의 여지** 평가를 위한 공적 시험 외에는 가능한 한 학생 스스로가 교육에 대한 선택권을 행사하도록 여지를 주어라.

**17. 팀워크 활용** 반 친구들과 팀을 이루어 과제를 수행하도록 하라. 이를 통해 사람은 혼자 살 수 없다는 인생의 지혜를 배울 수 있다.

**18. 꿈꾸는 교실** 학생들이 눈을 뜬 상태에서도 꿈을 꿀 수 있도록 돕자.

**19. 무지의 축복** 좋은 교사는 자신의 무지를 아는 사람이다. 자기가 이미 모든 것을 알고 있다고 믿는 사람은 좋은 교사가 될 수 없다. 좋은 교사란 교사이기 전에 먼저 좋은 학생이기 때문이다.

**20. 교육이라는 예술** 평범한 교사는 가르치고, 좋은 교사는 설명하며, 훌륭한 교사는 직접 보여 주고. 위대한 교사는 영감을 불어넣는다.

**26**

## 자존감 체크

.

카나모리 선생님의 일화를 통해 교사의 자존감에 대해서 이야기를
나누겠습니다.


카나모리 선생님 반 아이들이 몇 주 동안 열심히 연구하고 공
들여 보트를 만들었어요. 오늘 드디어 스스로 만든 보트를 타게
되는 날이 왔습니다.

그런데 수업 시간에 유토라는 아이가 계속해서 떠들면서 친구
들을 방해하자 카나모리 선생님이 엄하게 혼냈습니다. 유토는 학

기 초부터 태도를 고치지 않고 있었지요. 선생님은 유토에게 보트를 타지 못하게 하는 벌을 주었습니다.

그런데 이때 요라는 아이가 선생님의 처벌에 대해서 반대하고 나섰습니다. 유토가 잘못한 것은 맞지만 유토를 교실에 혼자 두고 갈 수는 없다고 말입니다.

유토를 두둔하는 아이들이 하나둘씩 늘어 갑니다. 결국 반 전체가 술렁이며 선생님을 설득하기 시작했죠.

"유토가 못 가면 저희도 안 가겠습니다. 유토도 열심히 만들었어요. 유토에게 내린 벌이 적합하지 않습니다. 보트는 우리의 프로젝트입니다. 그러니 저희가 결정하도록 허락해 주세요. 선생님, 부탁드립니다."

선생님은 지그시 눈을 감고 아이들의 의견에 귀를 기울였습니다. 아이들에게 "너희 의견을 듣고 내가 지금 고뇌하고 있다"는 것을 공개적으로 보여 준 것입니다.

자, 다음 순간 카나모리 선생님은 어떤 결정을 내렸을까요?


결론적으로 카나모리 선생님은 자신이 얼마나 자존감이 높은 교사인지를 보여 주었습니다. 고민하던 선생님은 요에게 다가가 "너, 정말 잘 말했어!"라고 말하면서 하이파이브를 했습니다. 그러고는 친구를 용서하고 친구 편이 되어 준 아이들이 옳았다고 인정했습니다. 그것 때문에 기쁘고 감동했다고 말하면서 "완벽한 학생들의 승리다"라고 고백했습니다. 자존감이 낮은 선생님이라면 아마도 화를 버럭 내거나 반 전체에 벌을 내렸을 것입니다.

이 예화는 교사로서 자신을 돌아보게 해 줍니다. 나는 대체 어떤 교사인가에 대해 곰곰이 생각해 볼 필요가 있습니다. 지금부터 교사의 자존감을 알아보기 위한 질문을 던지겠습니다. 해당되는 부분에 체크를 하면 됩니다.

그렇다    아니다

1. 나는 평소에 열등감으로 많이 괴로워하는 편이다.

2. 나는 나 자신이 가치를 별로 인정받지 못하는 사람이라고 생각한다.

3. 나는 다른 사람들에 관대한 반면 자신에게는 굉장히 엄격하다.

4. 나는 자신보다 남의 생각에 의해 좌우되는 편이다.

5. 나는 학생과 대화할 때마다 마지막 한마디는 꼭 내가 하고 끝낸다.

6. 나는 어떤 자리에 초대받았을 때 내 모습이 마음에 들지 않아 거절한 적이 있다.

7. 나는 내가 학생들에게 실수해도 사과할 필요가 없다고 생각한다.

8. 나는 선생님에게 도전적인 학생은 절대로 용납할 수 없다.

9. 나는 우리 반이 다른 반보다 더 높은 점수를 받는 게 목표다.

10. 나는 학생들에게 짜증을 많이 내고 불만을 자주 표현한다.

11. 나는 항상 학생들보다 더 많이 알아야 하고 항상 옳아야 한다.


1. '나는 평소에 열등감으로 많이 괴로워하는 편이다'에 "그렇다" 라고 답한 선생님 중에는 겉으로 보기에 전혀 그렇지 않아 보이는데도, 열등감으로 힘들다고 고백하는 분들이 많습니다. 우리는 문화적으로나 정서적으로 자신의 약점과 직면하는 데 서툰 편입니다. 그래서 불편하거나 거북스러운 부분에 대해서는 묵과하고 넘어가지요. 하지만 이제는 자신을 위해서 하루에 한 번씩은 스스로 체크할 필요가 있습니다.


2. '나는 나 자신이 가치를 별로 인정받지 못하는 사람이라고 생각한다'에 해당한다고 대답한 선생님들은 자신의 부족함을 들킬까 봐 진실한 모습까지 숨기는 경우가 있습니다. 쉽게 상처 받는 사람들입니다. 자신의 가치를 스스로 모르기 때문에 방어벽도 높고 살짝만 건드려도 크게 상처 받습니다. 잘 삐치고 속사람을 스스로 인정 못하고 사랑하지 않기 때문에 외부적인 칭찬에 약합니다.

3. '나는 다른 사람들에게는 관대한 반면 자신에게는 굉장히 엄격하다'고 대답한 선생님은 남이 실수했을 때는 "뭐 그럴 수도 있지. 인간인데 늘 잘할 수는 없어"라고 위로해 주면서도 정작 자기가 실수했을 때는 밤새 그것에 대해 생각하고 괴로워하며 용납하지 못합니다. 사소한 일 때문에 자기를 깎아내리고 비판합니다.

4. '나는 자신보다 남의 생각에 의해 좌우되는 편이다'는 한국인 대다수가 "그렇다"고 대답하는 문항입니다. 아마도 고개를 끄덕이며 '나도 그래'라고 생각하는 사람이 많을 것입니다. 마음속에서는 '이게 아니야. 잘못됐어'라고 말하지만 친구가 "날 봐서 좀 해주라" 하면 친구를 위해 그냥 따라가는 경우가 많습니다. 남의 시선 때문에 자기가 진정 원하는 길을 가지 못하는 경우도 많습니다. 하지만 겉과 속이 일치하지 않으면 마음에 병이 생깁니다. 선생님들이 건강해야 아이들을 건강하게 가르칠 수 있습니다.

5. '학생과 대화할 때마다 마지막 한마디는 꼭 내가 하고 끝낸다'에 "그렇다"고 대답한 선생님은 학생을 꼭 이겨야 직성이 풀리는 타입입니다. 카나모리 선생님 반에서 유토가 왜 보트를 타면 안 되는지에 대해 물었을 때 아마 이런 선생님은 아이들이 인정할 때까지 계속 설득할 것입니다. 하지만 아이들이 끝내 이해하지 못하고 교사에게 계속 도전하면 반 전체가 보트를 타지 못하게 벌

을 내릴 수도 있습니다.

6. '나는 어떤 자리에 초대받았을 때 내 모습이 마음에 들지 않아 거절한 적이 있다'에 고개를 끄덕이는 선생님은 부끄러운 부분을 솔직하게 드러내지 못하는 타입입니다. 예를 들어, 친구들과 약속이 있을 때 옷장의 옷을 모조리 입어도 마음에 드는 게 없으면 "오늘은 몸이 아파서 못 가겠다"고 핑계를 대고 참석하지 않을 것입니다. 친구에게 "내가 모임에 나가는 게 자신이 없어서 못 가겠어"라고 말할 수 없을 정도로 자존감이 낮기 때문입니다.

7. '나는 내가 학생들에게 실수해도 사과할 필요가 없다고 생각한다'는 선생님은 자존심이 강하지만 자존감이 낮습니다. 자존심이 강한 사람은 실수를 해도 사과를 하지 않습니다. 대신 남 탓으로 돌립니다. 카나모리 선생님이 만약 "너희가 선생님 말을 안 들으니까 반 전체가 보트를 못 타게 된 거라고. 이건 너희 잘못이야. 선생님 말만 들었어도 즐겁게 놀 수 있었을 텐데…"라고 말했다고 해 봅시다. 교사가 가진 힘으로 학생들을 억압한다고 해서 원하는 대로 자라게 할 수는 없습니다.

8. '나는 선생님에게 도전적인 학생은 절대로 용납할 수 없다'는 선생님 역시 자존감보다 자존심이 세기 때문에 "감히 학생이 어떻게

선생한테…"라는 말로 시작하곤 합니다. 요즘 세대는 느끼는 그
대로 듣는 그대로 말하는데 세대에 대한 이해의 노력 없이 무조
건 버릇없다고 야단치는 선생님입니다.

9. '나는 우리 반이 다른 반보다 더 높은 점수를 받는 게 목표다'에
"그렇다"고 하신 선생님은 성과에 자신의 가치를 두고 있는 것입
니다. 반 성적이 나쁘면 전전긍긍하고 반대로 잘 나오면 자신이
최고라고 생각하는 거죠. 이런 선생님은 안타깝게도 자신의 가치
관을 학생들에게도 심어 주고, 그 영향으로 학생들도 비슷한 생
각을 하게 됩니다.

10. '나는 학생들에게 짜증을 많이 내고 불만을 자주 표현한다'에 "그
렇다"고 답한 선생님은 마음이 불행한 사람입니다. 어디에 가고
누구를 만나도 속에 있는 불행을 표현하고 맙니다. 한두 번은 속
일 수 있지만 언젠가는 속사람의 컨디션이 나와 버립니다. 학생
들에게 자주 짜증 내고 불만을 표현하는 선생님은 스스로가 괴
로운 사람입니다. 자기가 행복하지 않기 때문에, 자신이 불만족
스럽기 때문에 모든 것이 불행해 보이는 것입니다.

11. '나는 항상 학생들보다 더 많이 알아야 하고 항상 옳아야 한다' 는
선생님은 자존심이 높고 자존감은 낮으며 열등감이 가득합니다.

이들은 늘 자기 학생들보다 더 많이 알아야 합니다. 학생이 문제를 풀지 못할 때 알게 모르게 신 나 할 수도 있습니다. 왜냐하면 그게 열등감이거든요. 남이 실수할 때, 남이 좋은 평가를 받지 못할 때 내가 더 돋보이니까, 축하할 일입니다. 이런 선생님은 학생들이 수업 시간에 손을 들고 질문할까 봐 겁을 냅니다. 그리고 질문을 막습니다. 혹 내가 답을 모르는 질문을 했을 때 그것보다 창피한 일은 없거든요. 이런 교사는 "I don't know"라는 말을 하지 못합니다.

체크를 해 보니 어떻습니까? 해당 사항이 많아도 좌절할 필요는 없습니다. 우리는 누구나 상처 받고 깨지기 쉬운 존재입니다. 세상에 완벽한 사람은 없습니다.

자존감을 높이는 첫 번째 단계는 자신의 모습을 솔직하게 받아들이는 것입니다. 무엇보다 자신의 자존감을 정직하게 다루어 본 경험이 있는 선생님이 후에 아이들을 위한 훌륭한 선생님이 될 수 있습니다.

# 자존감을 키우는 선생님의 특징

- 과제나 학교 수업에 대해 설명할 때 인내심을 보인다.
- 학생들이 실수하거나 교육에 대한 이해가 부족해서 문제가 발생해도 아이에게 창피를 주지 않는다.
- 학생들이 쉽게 다가갈 수 있는 존재다.
- 학생들의 신뢰를 얻는 분이고 또 학생을 신뢰하는 분이다.
- 학생들과 학교에 대해 긍정적인 태도를 유지한다.
- 학생들의 차이점을 존중하고, 학생들이 서로 차이점을 존중할 수 있도록 격려한다.
- 학생들이 스스로 멍청하거나 재능이 없다고 느끼게 하는 말을 하지 않는다.
- 모범이 되어 학생들을 이끈다.
- 학생들이 올바르게 배우고 성공할 수 있는 다양한 기회를 지속적으로 제공한다.
- 학생들이 관심이나 생각을 이야기할 때 귀를 기울인다.
- 학생들이 도전적인 일을 할 때 침착하게 하고, 화가 나거나 불만이 있을 때 소리를 지르지 않고 화를 내지 않는다.
- 모든 일에 열정적이고 재미있다.
- 학교를 긍정적인 체험의 공간으로 느낄 수 있도록 긍정적인 환경을 제공한다.
- 자기 반성을 통해 늘 자신을 돌아보며, 자아 발달을 위해 시간과 노력을 투자한다.

# 자존감을 낮추는 선생님의 특징

- **학생들에게 관심이 없고 돌보려고도 하지 않는다.**
  이런 교사는 학생들이 스스로 가치 없는 존재라고 느끼게 하고, 부적절하고 문제 있는 행동을 하게 한다.

- **학생들의 관심이나 생각의 표현을 방해한다.**
  이런 교사는 학생들의 생각을 차단시키고, 학생들의 생각을 공유하지 못하게 하며, 낙담하게 만든다.

- **학생들이 스스로 표현하는 것을 허락하나 학생의 감정을 인정하지 않고 무시해 버린다.**
  이런 교사는 학생들이 자신의 감정을 속이고 의심하게 한다. 학교에 가고 싶지 않게 하며, 자주 화가 나도록 만든다.

- **어려움이 발생할 때 짜증을 내거나 언성을 높여 화를 낸다.**
  이런 교사는 학생들이 선생님이나 다른 성인들(부모)과의 상호작용과 대화를 피하게 만든다.

- **행동과 말을 통해 자신의 불안과 낮은 자존감을 나타낸다.**
  이런 교사는 학생들이 교사에 대한 신뢰와 존경심을 잃어버리게 한다.

- **체계적이지 못하고, 쉽게 당황하며, 쉽게 파멸한다.**
  이런 교사는 학생들이 모든 일에 흥미를 잃고, 혼란스럽고, 스트레스를 받으며, 스스로가 멍청하다고 느끼게 만든다.

- **신경질적이고 거친 행동을 한다.**
  이런 교사는 학생들이 괴롭고, 짜증 나고, 불안하고, 두려운 감정을 갖게 한다.

- **학생들과의 대화 속에서 학생을 늘 깔보고 학생들의 감정, 차이점, 필요성, 욕구에 대한 민감성과 존경심을 갖지 않는다.**
  이런 교사는 학생들이 진실되게 이야기하지 못하게 하고, 불안하고 슬픈 감정을 갖게 한다.

# 27

## 학생을 살리는
## 교사 되기 10계명

교사라면 기회가 있을 때마다 '나는 어떤 교사인가'를 스스로 점검하는 시간을 가져야 합니다. 그리고 습관적으로 몸과 입에 밴 안 좋은 행동과 말을 반성하며 하나씩 고쳐 나가야 합니다. 저는 좋은 교사가 되기 위해 일주일에 최소한 한 번씩 교사 10계명을 읽고 마음에 새기며 깊이 반성하곤 합니다.

# 학생의 자존감 향상을 위한 교사 10계명

**1계명** 각 학생과 친밀한 관계를 유지하자.

조회, 종례 시간을 적극 활용하기를 권합니다. 점심시간도 좋습니다. 하루에 3명씩 반 아이들과 함께 식사하는 건 어떨까요? 아이들은 밥을 먹으면 거기에 몰두해 있으니까 별의별 얘기가 다 나옵니다. 아이들과 개인적인 접촉을 할 시간이 많지 않으니까 그 시간을 통해서라도 아이들과 친밀한 관계를 만들어야 합니다.

**2계명** 모든 학생들에게 공평하게 대하자.

아이들은 "엄마는 나보다 형을 더 좋아해" "엄마는 나보다 다른 형제를 더 사랑해" 라는 말을 잘합니다. 실제로 그렇지 않은데도 말입니다. 그만큼 아이들이 이 문제에 민감하다는 뜻입니다. 유치원생이 갑자기 태도가 나빠지는 경우가 있는데 대부분 동생이 생겼을 때라고 합니다. 아이들은 사랑받고 싶다는 본능적인 욕구가 있습니다. 그렇기 때문에 모든 학생들에게 공평하게 대하는 것은 몇 번 강조해도 지나치지 않을 만큼 중요합니다.

**3계명** 학생들에게도 배운다는 자세를 갖자.

학생에게 배울 준비가 되어 있는 자세가 중요합니다. 어떤 내용을 가르치기 전에 먼저 학생들의 지식과 경험을 서로 나눌 수 있도록 기회를 주면 좋겠습니다.

"독도가 여론에 자주 등장하는데 왜 그럴까요? 여러분들이 알고 있는 걸 말해 보세요."

학생들이 말을 못하면 "15분을 줄 테니 가서 정보를 맘껏 찾아오세요"라고 여유를 주세요.

**4계명** **무엇을 가르칠 때 아이들이 배우는 과정을 중요하게 여기자.**

결과보다 배우는 과정이 훨씬 중요합니다. 아이들이 그 과정을 즐길 수 있도록 도와주어야 합니다. 21세기 교육은 정보를 학생 머리에 입력하는 교육이 아닙니다. 수학은 일상생활에 언제 사용하게 되는지, 물리는 어떤 상황에서 도움이 되는지 같이 살펴본 후에 공부의 의미를 찾고 시작하는 것이 어떨까요? "시험 잘 보려면 이걸 알아야 해"보다는 "이거 생각보다 재밌는 거야. 한번 볼래?"로 아이를 사로잡자는 말입니다. 그리고 아이들의 다양한 학습 스타일을 늘 주의하며 매번 같은 방식으로 가르치지 않도록 노력해야 합니다.

**5계명** **학생들에게 근거 있는 칭찬을 하자.**

결과가 아닌 노력의 과정에 대해서, 아이의 생각에 대해서 충분히 칭찬해 주는 것이 필요합니다. 부풀려 말하는 것도 의미 없는 칭찬이라는 사실을 기억해야 합니다. 근거 없는 칭찬은 가치 없는 칭찬입니다. 왜 내가 그 칭찬을 듣고 있는지, 그 칭찬을 왜 하는지가 뚜렷하지 않으면 뜻

있는 칭찬이 아닙니다.

**6계명  결과와 점수에만 집중하지 말자.**

학생은 학생이기 전에 사람입니다. 마찬가지로 교사도 교사이기 전에 사람입니다. 자포스(Zappos)라는 세계 최대의 온라인 신발 회사가 있습니다. 자포스의 성공 비결은 '행복한 경영 문화'(happiness culture)에 있다고 합니다. 직원들은 "서로 웃으면 삶과 일이 모두 즐거워진다"고 말합니다. 자포스의 CEO는 "일과 삶을 통합할 수 있는 비밀은 있는 그대로 출근하라는 것입니다. 성공적인 회사는 이익, 열정 그리고 목적을 결합할 수 있는 회사입니다"라고 말합니다.

학교가 바로 이런 곳이라면 어떨까요? 학생의 이익(성적)과 열정과 목적을 결합할 수 있는 학교라면 가족적인 분위기에서 있는 그대로 즐겁게 공부할 수만 있다면 얼마나 좋겠습니까?

**7계명  어떤 경우에도 학생들을 비판하지 말자.**

선생님 개인의 기준으로 아이들을 비판하는 것은 정말 위험한 일입니다. 아이들은 저마다 다릅니다. 선생님의 생각과 같은 아이는 없습니다. 그런데 그걸 자꾸 자기 식으로만 보면서 하는 말마다 지적을 하고 잘못된 점만을 말하게 됩니다. 아이의 타고난 성격이나 달란트나 동기부여를 무시하고 교사의 기준을 강요하는 것은 마치 왼손잡이로 태어난 아이에게 오른손잡이가 되라는 것과 같습니다. 아이는 예술적인 재능이 많은데 자꾸 수학과 과학만 시킨다면 그 아이를 죽이는 일입니다. 외향적인 아이를 도서관에 잡아 놓는 선생님도 있습니다. 음악적인 지능이 높은 아이가 가장 빨리, 쉽게, 효과적으로 배울 수 있는 방법은 리듬을 타는 것입니다. 이런 아이들은 꼭 음악을 들으면서 공부를 합니다. 그런데 음악을 못 듣게 하면 공부를 하기 싫어합니다.

### 8계명 학생들에게 언어폭력을 금하자.

언어폭력에는 욕설, 소리 지름, 조소, 괴롭힘 그리고 학생의 미래에 대한 부정적인 예측 등이 포함됩니다. 선생님의 욕과 협박을 듣는 아이들은 대부분 남자아이들입니다. 특히 산만하고 경제적으로 가난한 배경을 지닌 아이들이 언어폭력의 피해자가 되기 쉽습니다. 대학생들에게 "인생의 가장 부정적인 경험에 대해 말하라"고 했을 때 학생들은 선생님에게 받은 언어폭력을 가장 부정적인 경험 중 하나로 꼽았습니다.

### 9계명 학생들을 비교하지 말자.

학생은 교사가 믿는 대로, 기대하는 대로 성장합니다. 화학 시간에 어려운 논리를 설명하다가 선생님이 여학생을 지목하면서 "이해되나요?" 하고 묻는 것은 남학생과 여학생을 비교하는 것이 될 수 있습니다. 여자이기 때문에 화학을 잘 이해하지 못할 것이라는 기대가 표현된 것입니다. 집이 가난한 학생이 숙제를 반만 해 왔을 때 선생님은 그 아이를 감싸 준다고 "그래. 이 정도면 됐어" 하고 동정심을 보인다면 그것은 그 아이가 그 이상은 못할 것이라는 기대치를 보여 주는 것입니다.

## 10계명 학생들에게 수치심을 느끼게 하지 말자.

죄책감과 수치심은 차이가 있습니다. 죄책감은 어느 정도 필요한 부분입니다. 그런데 수치심은 아이에게 큰 상처를 줍니다. 예를 들어 아이가 선생님 주머니에서 돈을 훔쳐 갔을 때 그 행동을 두고 바로잡는 게 아니라 "너는 도둑놈이야"라고 한다면 학생은 수치감을 느끼게 됩니다. 수치라는 것은 행동이 잘못된 것이 아니라 '내가 문제가 있구나. 내가 이상한 사람이구나'라는 생각이 들게 만듭니다.

**28**

# 자존감의 힘을
# 아는 교사

교사의 역할은 쓰러진 아이들을 일으켜 주는 게 아닙니다. 그 순간 잠시 도와주는 것뿐입니다. 선생님의 역할은 쓰러진 아이가 자존감이라는 기둥을 붙들고 스스로 일어서는 것을 지지하고 응원하는 것입니다. 자존감의 힘을 아는 선생님들에겐 몇 가지 특징이 있습니다.

첫째, 아이를 끝까지 포기하지 않고 기다려 줍니다. 아이가 너무 힘들게 해도 끝까지 인내심을 갖고 기다립니다. 둘째, 학생들이 실수하거나 규율에 대한 이해가 부족해서 문제가 발생해도 아이에게 창피를 주지 않습니다. 그리고 아이들이 쉽게 다가올 수 있는 존재가 되기 위해

애씁니다. 교사가 갖춰야 할 가장 중요한 조건이기도 하죠.

한 선생님이 저에게 "교수님은 항상 웃고 계신데 그것도 연습의 결과인가요?" 하고 물으셨습니다. 그 말을 듣고 참 감회가 새로웠습니다. 원래 저는 상담자 자질이 없는 사람입니다. 왜냐하면 내향적인데다가 계산이 빠르고 논리적이기 때문입니다. 감정보다는 사고가 우선이고 약속은 절대 어겨서는 안 된다는 고지식한 면도 있는데다가 계획을 한 번 세우면 칼같이 지키는 타입입니다. 저 같은 사람은 공감 능력이 무척 부족합니다. 그래서 좋은 상담자가 되기 위해서 엄청난 노력을 해야만 했습니다. 처음에 상담을 갔을 때 사람들이 울면서 얘기를 하면 혼자 속으로 '그만한 일로 왜 울까?' 하고 생각하곤 했지요. 그런데 상담을 계속하는 과정에서 저 자신도 많이 변했습니다.

저는 오래도록 미간에 주름이 생기도록 인상을 쓰고 있다는 사실을 몰랐습니다. 누군가가 말을 해 주어서 알았는데 심지어는 잘 때도 인상을 쓰고 잔다는 걸 알게 되었습니다. 이후에 미간의 주름을 펴기 위해서 얼마나 치열하게 노력했는지 모릅니다. 이젠 저의 트레이드 마크가 된 환한 웃음은 타고난 표정이 아닙니다. 피나는 연습의 결과입니다. 지금은 얼마나 자연스러운지 강연이 끝나고 나면 '상담자로서 타고난 인상을 가진 사람'이라는 부러움 섞인 말을 듣곤 합니다. 그런 말을 들을 때 저는 가장 보람 있고 기분이 좋습니다. 타고난 표정이었다면 별로 기쁘지 않았겠지만 치열한 노력의 결과이기 때문에 무척이나 기쁩니다.

상담자는 편안해 보여야 합니다. 실제로는 불행하고 걱정거리가 많아서 울고 싶어도 상담자의 역할을 할 때는 행복해 보이고 편안해 보여야만 합니다. 학생들을 만나는 순간만큼은 학생들이 선생님을 보고 쌓였던 스트레스가 풀리고 머리끝까지 치솟았던 화가 가라앉을 수 있도록 자신을 관리하는 능력과 노력이 필요합니다.


## 학생과 함께 호흡하라

자존감을 높여 주는 선생님은 학생들과 학교에 대해 긍정적인 태도를 유지합니다. 또 학생의 다른 점을 존중하고 학생들 간에도 이 차이점을 존중할 수 있도록 이끕니다. 이제 한국의 교실에서도 다문화 가정의 아이들이 함께 공부하는 시대가 됐습니다. 서로가 다르다는 것을 인정하고 수용할 때 배움도, 관계도 더욱 풍성해지고 다채로운 경험이 가능하다는 사실을 일깨워 주어야 합니다.

미국의 한 학교에서 있었던 일입니다. 어린 초등학교 학생들이 발야구를 하고 교실에 들어왔는데 한 미국 아이가 한국 아이에게 "공에 맞았니?" 하고 물어보았답니다. 한국 아이는 그 말 뜻을 모르고 "아니, 왜?" 하고 물었는데 "그럼 왜 그렇게 얼굴이 납작하니?" 하고 놀린 거죠. 그 말에 한국 아이가 크게 상처를 입었습니다. 그런데 그 광경을 본 선생님이 다음 날에 반 아이들을 대상으로 한국에 대한 특별 수업을 했습니다.

한국의 위치, 전통, 역사, 대표 음식, 민족적 자부심 등에 대해서 자세히 소개하면서 놀림을 받았던 한국 아이를 수업의 조교로 활용했습니다. 그리고 수업이 끝난 뒤 "우리는 서로 다르기에 더 아름다운 거야. 한국 아이가 미국 아이를 생긴 그대로 받아 준 것처럼 미국 아이도 한국 아이를 생긴 그대로 받아들여야 해"라고 말했습니다. 공감 능력을 위한 수업이자 다문화 스킬을 가르치는 수업이죠.

자존감의 힘을 아는 선생님들은 학생들이 올바르게 배우고 성공할 수 있는 다양한 기회를 지속적으로 제공합니다. 그리고 무엇보다 학생들의 말에 전심으로 귀를 기울여 주는 탁월한 경청자입니다. 경청이라고 하면 그냥 듣는 것이라고 생각하기 쉽습니다. 그러나 하던 일을 멈추고, 말하는 사람에게 집중하고 들어주는 적극적 경청(active listening)의 자세가 필요합니다.

한편, 학생이 선생님에게 반항하고 언행을 함부로 할 때는 관용으로 참고 기다려야 합니다. 이런 경우에 선생님은 정말 참기가 힘듭니다. 그러나 학생이 무슨 소리를 해도 선생님의 정체성은 변함이 없다는 사실을 기억하고, 오히려 안타까운 마음으로 상처 받고 화를 통제하지 못하는 학생의 상태에 집중해야 합니다.

마지막으로 모든 일에 열정적이고 재미있는 선생님이 되시기를 권합니다. 주어진 똑같은 시간을 마지못해 끌려가듯 아이들 곁을 지키는 것은 너무도 힘든 일입니다. 오래 못 가서 그 일을 그만두고 말겁니다. 이왕이면 즐겁게 열정적으로 아이들의 삶을 걱정하고 바라보면서 함께 호흡하는 쪽을 권해 드리고 싶습니다. 그 열정이 아이들의 자존감을 자극하고, 그 열정의 에너지가 아이들의 자존감에 불을 붙입니다.

자존감의 틀로 봤을 때
나는 어떤 사람인가요?
선생님의 자존감은
매우 중요합니다。

# 교사가 줄 수 있는
# 최고의 보물

카나모리 선생님의 아이들이 2년 동안 정들었던 교실을 떠나 각자 새로운 길을 떠나는 날이 되었습니다. 요와 개구쟁이 친구들이 아버지를 잃은 미후유와 츠바사를 위해 아이디어를 냅니다. 반 아이들이 모두 운동장으로 나와서 흙바닥에 힘을 내어 큰 글자를 새기기 시작했습니다. 2년 동안 같은 반에서 지내며 친구가 된 아이들이 편지를 완성했습니다. 천국에 있는 미후유와 츠바사의 아버지도 볼 수 있을 만큼 충분히 크고 선명하게 정성 어린 손길로 쓴 편지입니다.

미후유와 츠바사 아버지께,
미후유와 츠바사는 잘 지내고 있습니다.

우리가 늘 함께 있으니 걱정하지 마세요.

아이들이 서로에 대해서 공감을 갖지 못하고 관계를 맺지 못했으면 절대 할 수 없는 일이었습니다. "아니, 걔랑 나랑 무슨 상관이야?" 하고 외면할 수도 있었지만 아이들은 운동장 바닥에 친구를 위해 정성스럽게 거대한 편지를 완성했습니다. 마음이 따뜻해지는 장면입니다.

마지막 수업 날 카나모리 선생님이 칠판에 자신이 좋아하는 글을 적습니다.

연대감

지난 2년, 모두가 한마음이 되고자 했습니다. 모두가 애쓴 결과, 카나모리 선생님의 반 아이들은 자신과 친구들을 이해하게 되었습니다. 이해를 바탕으로 한 연대감이죠. 카나모리 선생님은 이렇게 말합니다.

"저는 과거에 얽매이는 걸 좋아하지 않습니다. 그래도 문제가 있을 때는 내 친구들이 항상 나를 도와주려 애쓴다는 생각이 여러분에게도 도움이 될 겁니다."

카나모리 선생님은 아이들에게 삶이 힘들 때 내 곁에 친구들이 있다는 사실을 잊지 말라고 이야기합니다. 아이들은 신뢰와 존경, 우정이라는 선물을 받고 선생님과 친구들과 헤어지는 것을 매우 아쉬워했습니다.

선생님이 학생들에게 줄 수 있는 보물이 바로 이런 것이라고 생각합니다. 학교에 오는 것이 행복하고, 이곳에 오면 가장 신뢰할 수 있는 친구들과 선생님이 있고, 나의 인격이 존중받고 나 역시 다른 친구들을 존중하고 선생님을 존경하는 학교를 만들어 가면 좋겠습니다.

교사는 남을 가르치면서 사실 자신을 가르치게 됩니다. 그래서 가르친다는 건 두 번 배운다는 의미가 있다고 봅니다. 평생 배워도 모자라다는 말이기도 하고요. 그리고 어려운 걸 쉽게 만드는 게 교사입니다. 영감 없이 학생을 가르치려 하는 교사는 차가운 철에 망치질하는 것과 같다고 했습니다. "나는 교사가 아니다. 마음을 일깨우는 사람일 뿐이다"라는 로버트 프로스트의 말처럼 망치질하기 전에 학생들의 마음부터 따듯하게 녹여 줄 수 있어야 합니다.

소크라테스는 학생 스스로 생각할 수 있는 능력을 심어 주는 게 최고라고 믿었습니다. 그래서 그는 "나는 그 누구에게도 아무것도 가르칠 수 없다. 나는 다만 그가 생각하도록 만들 뿐이다"라고 말했습니다. 아인슈타인은 이렇게 말했죠. "지식과 창조적인 표현에 기쁨을 자각하는 능력은 선생님만의 최고 예술이다." 맞습니다. 선생님만이 발휘할 수 있는 최고의 예술입니다. "1년을 생각한다면 씨앗을 심고, 10년을 생각한다면 나무 한 그루를 심고, 100년을 생각한다면 사람을 가르치라"는 어느 철학자의 말처럼 사람을 가르치는 일은 눈에 띄는 결과가 바로 나타나지 않을 수 있습니다. 몇십 년을 기다려도 보이지 않을 수 있습니다. 그래도 지금 당신이 학생에게 미치는 영향을 과소평가하지 마세요.

선생님에게는 '한 사람'을 살릴 수 있는 힘이 있습니다.

모두가 헬렌 켈러를 포기했을 때 설리번 선생님은 "이제 시작이다" 라고 했습니다. 그래서 헬렌 켈러는 선생님에 대해 이런 증언을 할 수 있었습니다.

"나의 모든 최고는 선생님 거예요. 선생님의 따듯한 터치 없이 는 재능이나 기쁨이나 소망이 하나도 가능하지 않았을 거예요. 내 인생의 가장 중요한 날은 설리번 선생님이 저를 찾아오신 날 이었습니다."